성체성사의 일곱 가지 비밀

7 Secrets of the Eucharist

Vinny Flynn

Copyright © 2006 by Vinny Flynn
Published in 2006 by Ignatius Press, USA
Korean translation copyright © 2023 by ST PAULS, Seoul, Korea

성체성사의 일곱가지 비밀

초판 발행일 2023. 11. 21
1판 2쇄 2024. 11. 7

글쓴이 비니 플린
옮긴이 전경훈
펴낸이 서영주

펴낸곳 성바오로
출판등록 7-93호 1992. 10. 6
주소 서울특별시 강북구 오현로7길 20(미아동)

취급처 성바오로보급소 **전화** 944-8300, 986-1361
팩스 986-1365 **통신판매** 945-2972
E-mail bookclub@paolo.net
인터넷 서점 www.paolo.kr

책값은 뒤표지에 있습니다.
ISBN 978-89-8015-948-2
교회인가 서울대교구 2023. 9. 4 **SSP** 1091

성경 ⓒ 한국천주교중앙협의회, 2023.

• 이 책은 저작권법의 보호를 받으므로 무단전재와 무단복제를 금합니다.
  이 책 내용의 전부 또는 일부를 재사용하려면 반드시 저작권자와 성바오로출판사의 동의를 얻어야 합니다.

성체성사의
일곱 가지 비밀

비니 플린 글 | 전경훈 옮김

조지 신부님께
"주 예수 그리스도는 찬미받으소서!"

소개 글

　제2차 바티칸 공의회 이후 가톨릭 신자들은 우리 신앙의 '원천이자 정점'으로서 성체성사를 다시 바라보며 현대에도 여전히 타당한 성체성사의 의미를 밝혀내고자 힘썼습니다. 하지만 성체성사가 현대를 사는 경험과는 별로 상관이 없다는 우려에서, 전례의 공동체적 측면만 지나치게 강조한 나머지 개인적 예배의 측면은 오히려 소홀히 다룬 경우도 많았습니다.

　이후 1980년대에 우리는 대중적 차원에서 성체성사에 대한 예찬이 되살아나기 시작하는 것을 경험했습니다. 성체성사에 관련된 성경 본문을 더 정확히 번역하고, 골고타에서 돌아가신 그리스도의 희생에 대한 재현으로서 성체성사를 보다 깊이 신학적으로 성찰하는 일에 새롭게 관심을 갖게 되었습니다. 제대 위에 실제로 현존하시는 그리스도 안에서 의미를 발견하는 일에 점점 많은 젊은이들이 이끌리게 되었고, 이들은 성체성사를 통해 예수님을 만나게 되었습니다.

이 책만이 지닌 특별한 장점을 하나 꼽자면, 모든 가톨릭 신자를 불러 모아 성체성사 속에 감추어진 예수 그리스도와 더 깊은 관계를 맺도록 이끄는 능력입니다. 오늘날 가톨릭 신자들도 예수님이 살아 계시던 시대의 나자렛 마을 사람들과 다르지 않습니다. 과부가 된 어머니를 돌보며 열심히 일하는 한 목수 안에 감추어진 신성은 사람들 눈에 띄지 않다가, 그가 유다교 회당에 가서 이사야의 예언이 자신에게서 성취되었음을 선포하고 나서야 사람들에게 드러났습니다(이사 61,1-2 참조).

마을 사람들은 그리스도의 말씀에 놀라워했지만, 그분의 능력이나 신원에 대한 희망 어린 믿음은 부족했습니다. 그리스도께서 그들의 믿음이 부족함을 꾸짖으시자 그들은 화를 내며 들고일어나 그분을 절벽 아래로 밀어 떨어뜨리려고 했습니다. 그러나 그분의 신원Person이 사람들의 마음을 압도했습니다. "예수님께서 그들 한가운데를 가로질러 떠나가셨다."(루카 4,30) 그리고 다른 고을들을 다니시며 지혜와 권능으로 사람들을 놀라게 하셨습니다.

이 책은 감추어진 그리스도의 현존에 관한 저자의 개인적인 질문들을 독자가 차근차근 따라갈 수 있게 한다는 점에서 무척 도움이 됩니다. 놀라운 성체성사의 비밀들에 대한 저자의 인식과 통찰이 자라남에 따라 우리도 그 비밀들 속으로 이끌려 들어갑니다. 단계적으로 깊어지는 저자의 신앙은 독자들 또한 같은 길을 따라 그리스도의 감추어진 현존을 발견하도록 도와줍니다.

성체성사에 현존하시는 주 예수 그리스도와 우리의 영혼이 합일하기 위한 핵심 요소들 가운데 하나는 겸손의 미덕입니다. 나자렛 사람들은 오래전부터 예수님을 잘 알고 있다고 생각했습니다. 그들은 그분의 가족을 알고 지냈고, 그 가족의 직업과 사회적 지위를 알았으므로 예수님을 인간적으로 이러저러한 범주로 분류해 놓았던 것입니다. 제한된 그들의 '지식' 때문에 예수님의 참모습이 감추어진 채 남아 있었던 반면, 이 책의 저자는 교회가 지닌 지식의 '원천'(「가톨릭 교회 교리서」나 공의회 문헌, 교황들과 성인들의 말씀, 특히 성녀 파우스티나의 말씀 등)을 계속 인용함으로써 독자인 우리가 더 깊은 지혜를 얻고 스스로 그것을 자기 것으로 만들도록 도와줍니다.

더욱이 이 책은 성녀 파우스티나의 「일기」를 성체성사라는 주제에 통합했다는 점에서도 기여한 바가 크다고 할 수 있습니다. 저자 비니 플린은 저술과 강연을 비롯해, '하느님의 자비를 구하는 기도'를 가족과 함께 바치는 영상물 등을 통해 수많은 사람들에게 하느님 자비의 메시지를 소개하는 데 중요한 역할을 해 왔습니다.

이 책은 단순하지만 심오한 깊이를 지닌 성녀 파우스티나의 가르침에서 성체성사와 관련된 측면들을 강조합니다. 그리하여 성녀 파우스티나가 「일기」에 밝혀 놓은 예수 그리스도와의 친밀한 인격적 일치에 독자들 또한 참여하도록 초대합니다. 파우스티나 성녀의 「일기」에서 얻은 비니 플린의 성찰은 독자를 20세기 초로 데려가는 것이 아니라, 성체성사의 너울 속에 감추어진 주 예수 그리스도와의 만남에 관한 오늘날의 논의들에 성녀의 통찰을 적용합니다.

저자는 영성 생활에 대한 성녀 파우스티나의 접근 방식에서 영향을 받은 덕분에 거룩한 성체성사에 관한 심오한 통찰들을 쉬우면서도 명확하고 간결한 방식으로 우리에게 제시합니다.

우리 모두에게 바로 이와 같은 책이 필요합니다. 이 책은 우리의 영적 성장을 돕고, 미사에 대한 인식을 다시금 일깨우며, 언제나 우리의 정신과 마음의 완전한 이해 너머에 있는 무한한 신비를 더욱 온전하게 의식하고 참여하면서 예수 그리스도를 받아 모실 수 있도록 우리를 불러 모으기 때문입니다.

미치 파크와Mitch Pacwa, S.J. 신부

차례

소개 글

머리말 너울 너머 … 15

첫 번째 비밀 성체성사는 살아 있습니다 … 21

두 번째 비밀 그리스도는 홀로 계시지 않습니다 … 33

세 번째 비밀 오직 하나의 미사만 있습니다 … 53

네 번째 비밀 오직 하나의 기적만 있는 것은 아닙니다 … 71

다섯 번째 비밀 우리가 받기만 하는 것이 아닙니다 … 81

여섯 번째 비밀 영성체는 모두 제각기 다릅니다 … 93

일곱 번째 비밀 한계가 없습니다 … 105

맺음말 할 신부님의 기개 … 127

출처 및 참고 자료

저자의 노트

본문에 인용된 글들에 대해서는 책 뒷부분에 그 출처를 순서대로 정리했습니다. 이 책에서는 성경, 「가톨릭 교회 교리서」, 여러 교회 문헌, 성녀 파우스티나의 「일기」 등을 인용했습니다.

특히 성녀 파우스티나의 「일기」를 인용한 까닭은 이렇습니다. 성녀 파우스티나는 2000년 4월 30일 교황 요한 바오로 2세에 의해 성인품에 올랐습니다. 삼천년기를 시작하는 희년에 시성된 첫 성인이 된 것입니다. 교황 요한 바오로 2세는 강론을 하면서 여러 차례 성녀 파우스티나를 가리켜 '우리 시대에 하느님이 주신 선물'이라고 불렀습니다. '하느님 자비의 사도'라고 알려진 성녀 파우스티나는 성체성사의 가장 위대한 성인들 가운데 한 사람입니다. 성녀의 정식 수도명은 지극히 복되신 성체성사의 마리아 파우스티나 코발스카이며, 성녀가 쓴 「일기」에는 성체성사를 언급하지 않은 페이지가 거의 없을 정도입니다.

성녀 파우스티나는 성체성사를 '내 성스러움의 비밀'이라고 했습니다. 이 책이 여러분이 그 이유를 발견하고 성체성사를 통하여 거룩함에 이르는 데 도움이 되기를 바랍니다.

머리말

너울 너머

예수님, 감추어진 하느님,
너울들이 당신을 가리고 있음에도 내 마음은 당신을 깨달아 압니다.

성녀 파우스티나의 「일기」, 524

이제껏 살아오면서 내가 가장 많이 끌린 것은 성체성사의 신비였습니다. 성체성사의 신비란 곧 빵과 포도주라는 너울에 가린 채 우리와 함께 계시는 하느님의 신비입니다.

내가 그 신비를 절대 이해하지 못하리라는 것을 잘 알고 있지만, 그래도 괜찮습니다. 나의 온 삶은 이 신비에 대한 끊임없는 탐구입니다. 너울 너머에 있는 영적 보물을 찾아 나서는 모험이라고 할 수도 있겠습니다. 이 책은 내가 그 모험의 길에서 발견한 보물들을 독자 여러분과 나누고, 여러분 또한 그 여정을 계속해 나가도록 초대하려는 시도입니다.

일곱 가지 비밀?

제목에 있는 '일곱'이라는 숫자를 오해하지는 마십시오. 성체에 관한 신비가 일곱 가지밖에 없다는 말을 하려는 게 아닙니다.

성체에 관한 진리에 어떤 마법의 수가 들어 있다고 이야기하려는 것도 아닙니다. 나는 다만 성체성사의 신비들을 발견하기 시작할 때 가장 기초적이고 필수적으로 보이는 비밀들을 가려 뽑았을 뿐입니다. 이것은 시작일 뿐이고, 너울 너머로 향하는 첫 탐험에 지나지 않습니다.

'비밀'이라는 말 또한 더 분명하게 설명할 필요가 있겠습니다. 사실 새로울 것은 전혀 없습니다. 이 비밀들이란 진짜 비밀은 아니니까요. 이 책에서 독자 여러분과 나누고자 하는 진리는 늘 교회의 중심에 있던 것입니다. 신학자들과 성인들과 신비가들이 소중한 보석처럼 감싸 안았던 바로 그 진리입니다. 이 진리를 비밀이라고 부르는 까닭은, 이 진리가 정말로 이해가 되고 매일의 삶에 통합될 수 있는 방식으로 평범한 보통 신자들에게 전해지지는 않았던 것으로 보이기 때문입니다.

엠마오 문제

우리가 이해하지 못한다는 것 또한 새로울 것 없는 현실입니다. 그리스도의 가까운 친구들조차 이해하지 못했으니까요. 다들 엠마오 이야기를 알고 있지 않습니까? 예루살렘에서 엠마오라는 근처 마을로 걸어가던 두 제자가 있었습니다. 두 제자는 실망과 혼란이 가득한 마음으로 며칠 전 일어난 비극적인 사건에 대해 이야기를 나누었습니다.

　제자들은 예수님이 약속된 이스라엘의 구원자이기를 바랐습니다. 그러나 한 제자의 배신으로 예수님은 갑작스레 체포되어 모진 고문을 당하고, 결국 십자가에 달려 돌아가셨습니다. 그런데 그때 더욱 알 수 없는 상황이 벌어졌습니다. 남아 있던 제자들에게 어떤 여인들이 와서 예수님의 무덤이 비었다는 소식을 전했습니다. 그 여인들은 천사를 보았는데, 천사들이 말하길 그리스도께서 살아 계신다는 것이었습니다.

　사실 그리스도께서는 당신이 수난하고 죽고 부활하리라는 말씀을 적어도 세 번이나 미리 하셨는데, 제자들은 제대로 알아듣지 못했습니다. 두 제자 역시 마찬가지로 엠마오로 걸어가면서 지난 모든 일들을 다시 짚어 가며 이야기를 나누고 있었던 것입니다. 모든 희망이 사라지고, 던져진 질문에 아무런 답도 구할 수 없는 이 상황을 어떻게든 이해해 보려고 애를 썼습니다.

　그때 그 길 위에 그리스도께서 이 제자들과 함께하셨습니다. 하지만 제자들은 그분을 알아보지 못했습니다. 제자들이 그때까지 그들이 서로 무슨 이야기를 나누고 있었는지 그분께 알려 드리자, 그분은 제자들의 어리석음과 부족한 믿음을 꾸짖으셨습니다. 그리고 제자들에게 성경을 설명해 주셨는데, 너무도 힘 있게 말씀하셨기에 제자들의 마음이 뜨겁게 타올랐습니다. 하지만 제자들은 여전히 그분이 누구신지 알아차리지 못했습니다.

결국 제자들은 그리스도께서 '빵을 떼실 때'에야 눈이 열려 그분을 알아보았습니다(루카 24,13-35 참조).

와서 보아라

우리 또한 이 제자들과 다름없이 엠마오 문제를 겪습니다. 필요한 모든 내용이 교회의 가르침 안에 이미 있음에도 우리는 그 의미를 깨우치지 못한 채 살아왔습니다. 성체성사에서 우리가 받아 모신 분이 정말로 누구인지, 왜 그분은 우리에게 이토록 고유하고 독특한 성사를 주셨는지, 혹은 우리가 어떻게 응답하기를 바라시는지 우리는 완전히 이해하지 못합니다.

미사를 드릴 때마다 사제는 "보라, 하느님의 어린양"이라고 말합니다. 세례자 요한이 예수님께서 지나가시는 것을 보고 자신의 두 제자에게 했던 말이지요. 이 두 제자는 이 말을 듣고 예수님을 따라가 '어디에 묵고 계신지' 여쭙니다. 그에 대한 예수님의 대답은 이러했습니다. "와서 보아라."(요한 1,39)

이 책에서는 바로 예수님의 이 응답을 가지고 전체를 관통하려고 합니다. 그것은 성체성사를 좀 더 가까이 꼼꼼하게 살펴보고, 주님께서 그 너울 너머에 살아 계심을 와서 보라는 소박한 초대입니다.

첫 번째 비밀
성체성사는 살아 있습니다

내가 거룩한 영성체에서 한 인간의 마음에 다가갈 때면,
나의 두 손은 그 영혼에 주려는 온갖 은총으로 가득 차 있으나,
사람들의 영혼은 내게 관심조차 기울이지 않는구나.
나를 홀로 버려둔 채 다른 일에 열중하며…
나를 살아 있지 않은 물건처럼 다룬단다.

성녀 파우스티나의 「일기」, 1385

성체성사는 살아 있습니다. 이 말이 여러분에게는 당연하게 들릴지도 모르겠습니다. 생각해 보니, 어떤 지적 차원에서는 매우 당연하게 들리지만, 사실 이 말의 뜻을 깊이 생각해 본 적은 없습니다. 성체성사는 살아 있습니다. 성체성사에 대해 전혀 알지 못하는 낯선 사람이 우리가 성체를 받아 모시는 모습을 본다면 성체성사가 살아 있음을 알 수 있을까요? 여러분과 내가 성체성사에 참여할 때 우리 모습이 참하느님이시며 참사람이신 예수 그리스도의 살아 계신 인격person을 우리 몸에 받아들이는 것으로 보일까요?

오, 주님! 우리는 성체성사가 살아 있음을 얼마나 여러 번 잊어버렸던가요. 성체 안의 주님을 받아 모시려고 줄을 서서 기다릴 때마다 그분께서 얼마나 나와 합일하기를 원하시는지 나는 생각하고 있습니까? 내게 주시려는 은총들로 가득한 그분의 두 손을 바라보고 있습니까? 그분께서는 나를 너무나 사랑하시기에 이 놀랍도록 친밀한 방식으로 내게 다가오려 하시는데, 나는 경외와 감사로 가득 차 있습니까?

아니면 나는 나 자신이나 그날 내가 해야 할 일에 대한 생각에만 정신이 팔려 있지는 않습니까? 나는 얼마나 여러 번 예수님을 향한 사랑 없이, 또 나를 향한 그분의 사랑도 깨닫지 못한 채, 몸과 마음에 아무렇게나 그분을 받아 모시며 그분을 슬프게 했나요? 나는 도대체 몇 번이나 그분을 살아 있지 않은 물건처럼 다루었던가요?

우리가 받아 모시는 성체는 물건이 아닙니다! 단순히 밀가루 반죽으로 구워 만든 과자나 빵도 아니지요! 바로 인격입니다. 그분은 살아 계십니다!

낯선 사람이 성당에 들어와 우리가 습관처럼 주일 미사를 드리는 모습을 보게 될까 두렵습니다. 우리를 보면서 성체가 살아 있다는 사실은 깨닫지도 못하고, 그저 사람들이 자리에서 일어나 줄을 지어 앞으로 나가 차례대로 빵 한 조각을 받아서 먹은 뒤 다시 자기 자리로 돌아가는 모습만 보게 될까 두렵습니다.

성녀 파우스티나에게 하신 예수님의 말씀처럼 우리는 너무나 자주 그런 식으로 성체성사에 참여합니다. 그저 자리에서 일어나 무언가를 받고 다시 자리로 돌아오는 것입니다. 어떤 실제적 변화 없이, 그리스도와 보다 깊은 합일도 이루지 못하고 우리 안에 모신 그분의 생명을 새롭게 인식하지도 않은 채, 전날과 같은 일상으로 복귀할 뿐입니다.

이러한 우리의 현실과 반대되는 장면이 하나 있습니다. 이 장면을 떠올리면 우리가 어떻게 성체성사에 참여해야 마땅한지 다시 생각하게 됩니다.

1916년 파티마에서 평화의 천사가 루치아, 히야친타, 프란치스코를 세 번 찾아와 이듬해에 있을 성모님의 발현을 준비했습니다. 가장 극적인 장면은 천사의 세 번째 방문 때였습니다. 천사가 성체성사를 통해 등장한 것입니다. 공중에 떠 있는 성체와 성작 앞에서 천사는 바닥에 엎드리고 세 아이에게는 다음 기도를 세 번 바치게 했습니다.

> 지극히 거룩하신 삼위일체, 성부 성자 성령님, 예수 그리스도의 마음을 상하게 하는 폭력과 불경과 무관심에 대한 보속으로 세상 모든 감실에 현존하시는 그분의 지극히 소중한 몸과 피와 영혼과 신성을 바치나이다. 지극히 거룩하신 예수 성심과 원죄 없으신 성모 성심의 무한하신 공로를 통하여 구하오니 불쌍한 죄인들이 돌이키게 하소서.[1]

천사는 바닥에 엎드려 절합니다! 우리는 잡다한 생각에 마음이 흐트러진 채 줄지어 앞으로 나가 성체를 받고 다시 자기 자리로 돌아온 다음, '평소 하던 일'로 마음을 돌려 축구 경기며 요금 고지서를 떠올리거나 미사가 끝난 뒤 할 일을 생각합니다.

순수한 영인 천사는 늘 친밀하신 하느님의 현존 속에서 살아가며 성체를 흠숭하고 그 앞에 엎드려 절합니다! 여기에는 상당히 강력한 메시지가 있습니다. 이 메시지는 너무도 강력해서 프란치스코 성인은 젊은 시절 성체성사 속에 현존하시는 하느님을 위로해 드리며 짧은 생애의 남은 날들을 보냈습니다. 성체성사를 무심히 대하는 사람들 때문에 마음 아파하시는 하느님을 위로해 드리려 애쓰면서 할 수 있는 모든 순간을 성체 앞에서 보냈습니다.

여기에는 우리를 향한 초대가 있습니다. 우리 앞에는 정반대의 선택지가 놓여 있는 것입니다. 우리는 하느님을 살아 있지 않은 사물처럼 다룰 수도 있고, 흠숭과 감사와 사랑과 보속으로 자신의 온 존재를 다하여 하느님 앞에 엎드려 절할 수도 있습니다.

다음번 성체를 받아 모실 때 우리 모두 달려 나가 성체 앞에 엎드려 절을 해야 한다는 말이 아닙니다. 하지만 우리는 내적으로 그렇게 할 수 있습니다. 선 채로 성체를 영하든 무릎을 꿇고 성체를 영하든, 우리는 늘 우리 마음과 정신과 영혼에서 성체성사에 살아 계신 하느님을 흠숭하며 그 앞에 엎드려 절할 수 있습니다.

교황청 경신성사부는 다음과 같이 설명합니다.

> 교회는 신자들에게 영성체하는 순간에 성체께 대한 존경과 경의를 표시하기를 늘 요구해 왔다.
>
> 「성체 신비 공경 규정에 관한 훈령」, 12항

점점 더 많은 사람들이 성체를 영하기 위해 앞으로 나가면서 어떤 구체적인 방법으로 예수님께 공경을 표해야 한다고 느낍니다. 그러나 한편으로는 다른 사람들의 주의를 끌거나 영성체의 흐름을 방해해서는 안 된다고 생각합니다. 그래서 성체를 영하기 전에 간단히 고개를 숙이는 것으로 예를 표합니다.

나에게 있어서 이러한 행동은 정신만이 아니라 온 존재를 통해 인격적인 방식으로 예수님의 현존을 인식하고 그분께 인사를 드리는 방법이 되었습니다. 그리고 이러한 방법은 교회에서 제시한 구체적인 지침을 충실히 따르는 것이기도 합니다.

신자들이 무릎을 꿇어서 영성체할 때에는 성체성사에 대한 다른 어떤 존경의 표시가 필요치 않다. 왜냐하면 무릎 꿇는 행위 자체가 이미 경배의 표시이기 때문이다. 그러나 신자들이 서서 영성체를 할 때에는 행렬하여 나오는 도중에 성체를 받기 전 존경의 표시를 마땅히 해야 한다는 것을 강력히 권고하는 바이다.

「성체 신비 공경 규정에 관한 훈령」, 12항

    교황 성 요한 바오로 2세의 지적처럼 우리는 "그리스도의 실제적 현존에 대한 생생한 인식을 특별히 길러야" 합니다. 그리고 "어투, 몸짓, 자세, 행동을 통하여 그러한 인식을 보여 주도록"[2] 주의해야 합니다.

    교황 베네딕토 16세 또한 어떻게 성체를 영해야 하는가 하는 주제를 다루면서 무릎을 꿇고 하는 것과 선 채로 하는 것, 손으로 하는 것과 입으로 하는 것을 두고 논쟁하기보다 초대 교회 교부들이 성체를 영하면서 품었던 공경의 마음에 집중해야 한다고 강조합니다. 먼저 사제들에게 "관용을 베풀고 각 사람의 결정을 인정할 것"[3]을 권고하면서, "똑같이 관용을 베풀고, 이런 방식이나 저런 방식으로 그렇게 하기를 택한 누구도 비난하지 말 것"을 요청했습니다. 중요한 것은 성체를 공경하는 마음입니다.

    이러저러한 행동의 양식을 두고 논쟁하는 것은 무척 잘못된 일입니다. 우리는 오직 성체를 공경하는 마음, 하느님의 신비 앞에서 내적으로 갖게 되는 겸허한 태도를 주장해야 할 뿐입니다.[4]

신자들이 공경하는 마음을 갖지 않는 경우가 너무 많고, 그래서 그리스도께서 살아 있지 않은 사물처럼 다루어지는 일도 너무 많습니다. 우리가 사용하는 말이 때로 장해물이 되는 것도 그 이유 중 하나라고 생각합니다. 사제가 성체를 나누어 주면서 계속해서 '그리스도의 몸… 그리스도의 몸… 그리스도의 몸…'이라고 말하는 것을 우리는 얼마나 많이 들었습니까?

우리 문화에서 몸이라는 단어는 대개 생명의 충만함을 암시하지 않습니다. '그리스도의 몸'이라는 말을 들었을 때 내가 늘 떠올린 것은 십자가에 달리신 그리스도의 죽은 몸입니다. 교회에서는 무엇보다도 먼저 미사가 골고타에서 이루어진 예수님의 희생을 지금 우리의 시간과 장소에 현존하도록 재현하는 것이라고 가르치지 않습니까? 교회의 가르침은 틀리지 않습니다. 그러나 부활이 없다면 십자가는 아무런 의미도 없습니다.

성체는 십자가에서 특정한 시간 안에 갇혀 있는, 돌아가신 그리스도가 아닙니다. 성체는 완전하고 영원한 그리스도입니다. 그분은 동정녀에게서 나시어, 우리와 같은 인간으로 우리 가운데 오셨고, 수난을 당하시고 돌아가셨으며, 죽은 이들 가운데서 부활하시어 이제 하늘에서 온전히 살아 계시고 영광 속에서 다스리십니다.

교황 성 요한 바오로 2세는 "우리의 양식으로 주어진 사람의 아들의 살은 부활한 다음의 영광스러운 몸이 되었다."[5]고 말했습니다.

교황 성 바오로 6세는 자의 교서 「하느님 백성의 신경」에서 이 점을 명확하게 기술하고 있습니다.

> 최후 만찬 석상에서 주께서 축성하신 빵과 포도주는, 미구에 우리를 위하여 십자가에서 봉헌될 그리스도의 몸과 피로 변화되었던 것처럼, 사제가 축성한 빵과 포도주도 천국에 영광스러이 앉아 계신 그리스도의 몸과 피로 변화됨을 우리는 믿습니다.

그리고 「가톨릭 교회 교리서」에서도 다음과 같이 말합니다.

> 축성된 빵과 포도주의 형상 안에는 살아 계시고 영광스럽게 되신 그리스도께서 친히 참으로, 실재적으로 그리고 실체적으로 현존하신다.
>
> 1413항

성녀 파우스티나에게 문제를 호소하신 그리스도는 바로 이 살아 계시고 영광스럽게 되신 그리스도이십니다.

거룩한 성체를 받아 모시면서도 사람들의 영혼이 나와 합일하지 못한다는 것이 내게는 너무나 괴로운 일이다. 나는 영혼들을 기다리는데 영혼들은 내게 무심하구나. 나는 그들을 다정하게 사랑하는데 그들은 나를 신뢰하지 않는다. 나는 그들에게 은총을 아낌없이 부어 주고 싶은데 그들은 내 은총들을 받고 싶어 하지 않는다. 나의 마음은 사랑과 자비로 가득한데 그들은 나를 살아 있지 않은 물건처럼 대하는구나.

「일기」, 1447

성체는 물건이 아닙니다. 살아 있지 않은 사물이 아닙니다. 성체는 그리스도이며, 그리스도는 온전히 살아 계십니다. 이것을 의식하며 그분을 받아 모실 때 우리는 더욱 온전히 살아 있게 되고, 그리하여 사도 바오로와 함께 "이제는 내가 사는 것이 아니라 그리스도께서 내 안에 사시는 것입니다."(갈라 2,20)라고 말할 수 있습니다.

나는 하늘에서 내려온 살아 있는 빵이다. 누구든지 이 빵을 먹으면 영원히 살 것이다. 살아 계신 아버지께서 나를 보내셨고 내가 아버지로 말미암아 사는 것과 같이, 나를 먹는 사람도 나로 말미암아 살 것이다.

요한 6,51.57

내 마음은 나의 하느님께서 숨어 계신 곳으로 이끌린다. 비록 너울이 그분을 가리고는 있지만, 그것은 나의 살아 계신 하느님이시다.

「일기」, 1591

두 번째 비밀

그리스도는
홀로 계시지 않습니다

예수님, 거룩한 성체로 저에게 오소서.
성부와 성령과 함께 제 마음의 작은 천국에 늘 머물러 주시는 분.

성녀 파우스티나의 「일기」, 486

그리스도는 성체성사 안에 우리를 위해 현존하실 때 홀로 계시지 않습니다. 여러분은 어떻게 배웠는지 모르겠으나, 정말로 나는 이러한 사실을 배우지 못했습니다. 그리스도교 교리 신심회* 강의나 가톨릭 고등학교 및 대학교에서 들은 수업, 매일 미사 때 들은 강론들, 그 어디에서도 그리스도께서 성체성사 안에 홀로 현존하지 않으신다는 사실을 넌지시 암시해 주는 일조차 없었습니다.

무척 자만하고 있던 나는 성체성사에 관해 알아야 할 모든 것을 스스로 잘 이해하고 있다고 생각했습니다. 실체 변화

---

* 그리스도교 교리 신심회(Confraternity of Christian Doctrine, CCD)는 평신도들에 대한 종교 교육을 목적으로 1562년 로마에서 설립된 종교 단체이다. 각 본당의 주일 학교가 확립되기까지 교리 교육 확대에 큰 역할을 했으며, 오늘날에도 다양한 교육 프로그램을 운영하고 있다. – 옮긴이 주

Transubstantiation를 이해했을 뿐 아니라 철자법에 맞게 쓸 줄도 알았습니다. 또한 이 낯선 단어의 뜻이 한 실체가 다른 실체로 건너감이라는 것도 배웠습니다. 성체성사에 적용한다면, 이 단어는 사람이 생각할 수 있는 가장 독특하고 완전한 이행移行을 가리키게 됩니다. 사제가 빵과 포도주를 축성하는 바로 그 순간에 빵과 포도주는 더 이상 존재하지 않습니다. 우리 눈에 여전히 빵과 포도주로 보이는 그것은 이제 그리스도의 몸과 피가 된 것입니다.

> 빵과 포도주의 축성으로써 빵의 실체 전체가 우리 주 그리스도의 몸의 실체로, 포도주의 실체 전체가 그리스도의 피의 실체로 변화한다.
>
> 트리엔트 공의회, 「가톨릭 교회 교리서」, 1376항

나는 교회의 가르침을 인용할 수는 있었지만, 정말로 이해하지는 못했습니다. 그러니 그 안에 얼마나 많은 내용이 더 담겨 있는지도 깨닫지 못했고, 성체성사 안에 그리스도께서 홀로 계시지 않는다는 사실도 전혀 알지 못했습니다.

진실을 가린 너울이 벗겨지기 시작한 것은 트리엔트 공의회에서 내린 성체성사에 관한 정의를 공부하면서부터입니다. 트리엔트

공의회는 성체성사 안에 '우리 주 예수 그리스도의 영혼과 신성과 하나 된 몸과 피가' 함께 있다고 가르칩니다. 그리스도의 영혼과 신성이 함께! 그리스도는 성체성사 안에 그분의 몸과 피, 그리고 그분의 영혼과 신성이 함께 있습니다. 이 말의 뜻은 무엇일까요?

또 다른 신비인 육화肉化의 신비를 깊이 들여다봄으로써 답을 얻을 수 있었습니다. 다른 많은 가톨릭 신자들처럼 나 또한 육화라는 말이 익숙했습니다. 하지만 내가 육화에 대해 아는 것이라고는 삼위일체의 제2위격이 '인간의 육신을 취하셨다'는 것, 곧 하느님의 아들이 사람이 되셨다는 것뿐이었습니다.

성모님께서 피앗Fiat, 곧 "말씀하신 대로 저에게 이루어지기를 바랍니다."라고 말한 그 순간, 성령의 힘을 통해 성모님에게서 육신과 영혼을 가진 인성人性이 창조되어 삼위일체 제2위격의 신성에 영원히 융합되었다고 교회는 가르칩니다. 「가톨릭 교회 교리서」에서는 다음과 같이 설명합니다.

> 강생 사건은 예수 그리스도께서 부분적으로 하느님이시고 부분적으로 인간이시거나, 하느님과 인간의 불분명한 혼합의 결과라는 것을 의미하지 않는다. 그분께서는 참하느님으로 계시면서 참사람이 되셨다.
>
> 464항

예수 그리스도는 두 본성을 지닌 하느님의 한 위격이십니다. 그분은 온전한 인간이시며, 온전한 하느님이십니다. 이 두 본성은 분리할 수 없으므로 그리스도의 신적 위격은 "죽음으로 분리된 그리스도의 영혼과 육신에 결합된 채로 남아 있었습니다."(『가톨릭 교회 교리서』, 650항) 그리고 성부께서는 당신 아들 그리스도를 다시 살리시고 "그 인성을 그 육신과 함께 삼위일체 안으로 완전히 이끌어 들이셨습니다."(『가톨릭 교회 교리서』, 648항)

이러한 교회의 가르침은 우리가 성체성사 안에 현존하시는 그리스도를 이해하는 데 어떠한 도움을 줄까요?

앞 장에서 보았듯이 우리가 쓰는 말이 우리를 속이기도 합니다. 흔히 성체성사에서 빵은 그리스도의 몸이 되고 포도주는 그리스도의 피가 된다고 말합니다. 유감스럽게도 이러한 말은 마치 그것이 성체성사에서 일어나는 일의 전부이며 그리스도가 여러 부분으로 나뉠 수 있다는 잘못된 인상을 줍니다. 사제의 축성을 통해 그리스도의 몸은 빵의 모습으로 현존하게 되며 그리스도의 피는 포도주의 모습으로 현존하게 됩니다. 그러나 그리스도를 나눌 수는 없습니다. 그분의 몸이 있는 곳이라면 어디든 그분의 피도 함께 있습니다. 그분의 몸과 피가 있는 곳에는 인간이신 그분의 영혼과 하느님이신 그분의 신성도 함께 있습니다.

　분리될 수 없는 두 본성을 지닌 한 위격person으로서 그리스도의 이 완전한 단일성을 설명하고자 신학자들은 '병존'concomitance이라는 용어를 사용합니다. "이것은 내 몸이다."라는 말을 통해 그리스도의 몸이 현존하게 됩니다. 병존에 의해 그분의 피와 영혼과 신성이 그분의 몸과 '함께' 현존하게 되는 것입니다. 마찬가지로, "이것은 내 피다."라는 말을 통해 예수님의 피가 현존하게 됩니다. 그리고 병존에 의해 그분의 몸과 영혼과 신성이 그분의 피와 '함께' 현존하게 되는 것입니다. 그러므로 교회는 빵처럼 보이는 것의 한 조각에도 온전하신 그리스도가 담겨 있으며, 포도주처럼 보이는 것의 한 방울에도 온전하신 그리스도가 담겨 있다고 가르칩니다.

> 그리스도께서는 성체의 두 가지 형상 안에 각각 온전히 현존하며, 또 그 각 부분에도 현존하시므로 빵을 나누어도 그리스도께서는 나뉘지 않으신다.
>
> 「가톨릭 교회 교리서」, 1377항

　이것이 바로 우리가 영성체를 양형으로 하지 않아도 되는 까닭입니다. 다시 말해 성체성사에서 우리가 반드시 빵과 포도주

두 가지를 모두 받아 모시지 않아도 되는 이유가 여기에 있습니다. 빵과 포도주 중 하나만 받아 먹어도 우리는 온전한 그리스도를 받아 모시게 되는 것이니까요.

완전한 인성과 완전한 신성을 지니신 온전한 그리스도. 나는 그중에서 인성 부분을 이해하기 시작했습니다. 즉 성체성사 안에는 인간이신 그리스도의 몸과 피와 영혼이 함께 현존한다는 말입니다. 그런데 그분이 완전한 신성으로도 현존하신다는 말은 실제로 무엇을 의미할까요?

나는 이전과 다른 곳에 초점을 맞추어 성체성사에 관한 교황 성 바오로 6세의 회칙 「신앙의 신비」와 그의 위대한 신앙 고백이기도 한 자의 교서 「하느님 백성의 신경」을 다시 읽어 보았습니다. 그러자 두 구절이 제게 눈에 띄었습니다. 성체성사에 현존하시는 그리스도는 '천국에 계시는 것과 같이' 성체성사 안에 현존하시되 '천국을 떠나신 것은 아니다'라는 것입니다. 그리스도는 어떻게 천국에 현존하실까요? 그분은 홀로 계시는 것일까요? 물론 그렇지 않습니다.

그리스도는 복된 삼위일체의 제2위격이시며, 참된 하느님이시자 참된 사람으로 성부와 성령과 함께 영원히 하나이십니다. 그리스도의 인성이 전혀 분리될 수 없듯이 그분의 신성 또한 전혀 분리될 수 없습니다. 그리스도의 몸에서 피를 분리하거나, 그분의 몸에서 영혼을 분리할 수 없듯이, 삼위일체의 다른 두 위격에서 그리스도를 분리할 수 없습니다. 미사 때마다 우리는 사제가 본기도 끝에 다음과 같이 성부 하느님께 청하는 것을 들을 수 있습니다.

> 성부와 성령과 함께 천주로서 영원히 살아 계시며 다스리시는 성자 우리 주 예수 그리스도를 통하여 비나이다.

그리스도는 천국에서 성부와 성령과 함께 '살아 계시며 다스리십니다.' 그럼 그분은 어떻게 다스리실까요?

그리스도는 하느님의 아들이자 사람의 아들, 왕들의 왕으로서 다스리십니다. 이제 육신도 영혼도 영광스럽게 되시어 성부 오른편에 앉으신 그리스도는 천국의 모든 천사들과 성인들에 둘러싸여 계시고, 복되신 동정 성모 마리아와 다시 만나 영원히 함께하십니다. 그리스도의 어머니 마리아는 육신과 영혼이 천국으로 들어 올려져 하늘과 땅의 여왕으로서 그리스도와 함께 다스리십니다.

그리스도는 결코 홀로 계시지 않습니다. 천국을 떠나지 않고도 천국에 현존하시는 그대로 성체성사 안에 현존하십니다. 이 말이 의미하는 바는 천국의 모든 존재가 그분과 함께 현존한다는 것입니다. 그리스도께서는 우리에게 분명하게 말씀하셨습니다. "하느님의 나라는 너희 가운데에 있다."(루카 17,21)

예전에 내가 믿었던 것을 지금 생각해 보면 웃음이 나지 않을 수 없습니다. 그때의 내가 마음속으로 그리던, 정말 말도 안 되는 장면이 떠오릅니다.

여느 때와 다름없는 평범한 천국의 어느 날, 시계를 보신 그리스도께서 옥좌에서 재빨리 일어나 기다란 흰옷을 차려입으시고 이렇게 말씀하신다. "아버지, 어머니, 성령님, 그리고 모든 천사와 성인 여러분, 나는 이제 서둘러 지상으로 내려가 보겠습니다. 성체성사에 현존해야 하거든요. 잘 다녀오겠습니다. 보고 싶으시겠지만, 되도록 금방 돌아올 테니 기다려 주세요."

성체성사에 현존하시기 위해서 그리스도께서 천국을 떠나야 하는 것은 아닙니다. 그분께서 성체성사 안에 현존하시는 방식은 천국에 현존하시는 방식과 다르지 않습니다. 세상에는 축성된 성체가 많이 있습니다. 그렇지만 그 모든 서로 다른 장소에 현존하시기 위해 그리스도께서 여러 개체로 불어나는 것이 아닙니다. 오직 한 분이신 그리스도께서 계시고, 오직 한 가지 그리스도의 현존만이 있으며, 그리스도의 존재 방식 또한 오직 한 가지뿐입니다.

천국의 영광을 누리시는 주 그리스도의 유일한 단일 존재가 성체성사로 많아지는 것이 아니라, 성체의 제사가 봉헌되는 이 세상 여러 곳에 현존하시게 될 뿐입니다.

「하느님 백성의 신경」

이 모든 것이 여러분과 나에게 의미하는 바는 무엇일까요? 그것은 영성체Communion 때마다 우리가 거룩한 삼위일체와의 친교communion 안으로 들어가게 된다는 것입니다.* 이러한 사실을 들어본 적 있습니까? 매 영성체 때마다 우리는 언젠가 천국에서 완전하게 경험하게 될 동일한 신적 활동을 이 지상에서 미리 경험하는 것입니다. 이 신적 활동은 삼위일체 안에서 영원무궁토록 일어나고 있는 사랑의 활동입니다. 도미니코회의 마리 뱅상 베르나도 신부는 이렇게 설명합니다.[6]

말씀이신 그분께서는 우리에게 오시되, 홀로 오지 않으십니다. "내가 아버지 안에 있고 아버지께서 내 안에 계시다."(요

---

* 영성체와 친교 둘 다 'communion'이라는 단어를 쓴다. 이 단어는 본래 무언가를 공유하는 상태를 뜻하는 라틴어 'communis'에서 유래한다. – 옮긴이 주

한 14,10) "나를 보내신 분께서는 나와 함께 계시고 나를 혼자 버려두지 않으신다."(8,29) 성부와 성자께서 계시는 곳에는 성령 또한 함께 계십니다. 그러므로 복된 삼위일체는 영성체하는 각 사람의 마음에 머무십니다. 예수님께서 친히 이를 우리에게 확인시켜 주십니다. "누구든지 나를 사랑하면… 내 아버지께서 그를 사랑하시고, 우리가 그에게 가서 그와 함께 살 것이다."(14,23)

"우리가 그와 함께 살 것이다." 하느님은 우리 안에서 삼위일체의 삶을 살길 원하십니다. 우리는 거룩한 삼위일체가 머무실 장소가 되고, 하느님의 각 위격person과 인격적인personal 관계를 맺게 됩니다.

이 모든 신학적 설명들에만 집중하면 거기에 빠져서 옴짝달싹 못 하게 되기 쉽습니다(아마도 그러한 탓에 우리가 미사의 강론 시간에 이에 관해 많이 들어 보지 못하는 것일 수 있습니다). 인간의 이해력으로는 완전히 헤아릴 수 없는 깊은 신비를 다루고 있기 때문입니다. 그러나 성체성사와 삼위일체에 관해 분명히 알아두어야 할 신학적 요소들이 있습니다.

삼위일체의 제2위격인 그리스도만 사람이 되셨습니다. 오직 그리스도만 인성을 취하신 것입니다. 그러므로 삼위일체와의 이

멋진 만남에서도 오직 그리스도만 성사적으로, 즉 빵과 포도주의 모습으로 현존하십니다. 성체성사에서 성부와 성령은 성사적으로 현존하지 않으십니다. 하지만 삼위일체의 완벽한 일치 때문에 두 위격은 그리스도와 함께 참으로 그리고 실재적으로 현존하십니다. '참으로 그리고 실재적으로'는 무슨 뜻일까요?

신학자들은 삼위일체 교리를 명확하게 이해하고 표현하기 위해 특별한 용어들을 사용합니다. 물론 이러한 용어들을 사용하더라도 삼위일체의 신비를 완전히 설명할 수는 없음을 「가톨릭 교회 교리서」에서는 분명히 밝히고 있습니다. 이 용어들조차 "인간적인 방식으로 인식할 수 있는 모든 것을 무한히 초월하는 형언할 수 없는 신비를 의미하기"(251항) 때문입니다.

동일본체consubstantiality의 원리를 사용하여 교회에서는 삼위일체의 각 위격이 다른 두 위격과 한 실체라고 가르칩니다. 이는 성부와 성자와 성령이 모두 동일한 신적 본성 혹은 실체임을 뜻합니다. 「가톨릭 교회 교리서」에서는 다음과 같이 설명합니다.

> 삼위는 한 하느님이시다. 세 신들이 아니라, 세 위격이신 한 분 하느님, 곧 "한 본체의 삼위"consubstantial Trinity에 대한 신앙을 우리는 고백한다. 하느님의 삼위는 신성을 나누어 가지는 것

이 아니라, 각 위격이 저마다 완전한 하느님이시다.

253항

여기에 더하여 교회에서는 상호 내재성cirmumincession의 원리를 가르칩니다. 이는 하느님의 세 위격이 서로에게 내재한다는 것을 의미합니다. 각 위격은 서로에게 내재하지만, 그럼에도 여전히 서로 구분됩니다.

> 하느님의 단일성은 삼위로 이루어져 있다. … 이러한 단일성으로, 성부는 온전히 성자 안에 계시고 또 온전히 성령 안에 계시며, 성자는 온전히 성부 안에 계시고 또 온전히 성령 안에 계시며, 성령은 온전히 성부 안에 계시고 또 온전히 성자 안에 계신다.
>
> 「가톨릭 교회 교리서」, 254-255항

이 모든 것은 어떻게 서로 엮여 있을까요?

앞서 병존concomitance을 논의할 때 우리는, 성체성사에서 사제가 빵과 포도주를 축성하는 순간에 그리스도의 신성이 그분의 몸과 피에 현존하게 된다는 것을 이해했습니다. 우리는 이제 성부와 성령께서 그리스도와 (동일한 신성을 지닌) 한 본체이며, 상호 내재성을 통해 세 위격이 각기 서로 구분된 채로 서로에게 영원히 현존하신다는 것을 배웠습니다. 그러므로 우리가 그리스도를 성사적으로, 즉 빵과 포도주의 형상으로 받아 모실 때는 언제나 성부와 성자가, 성사적으로는 아니지만 참으로 완전하게 실체적으로 그리스도와 함께 현존하십니다.

천국에 계신 삼위의 모습을 상징적으로 표현한 그림을 상상해 봅니다. 성부께서 옥좌에 앉아 계시고, 그 오른편에 예수님이 계십니다. 성령의 상징인 비둘기가 그 위를 맴돌며 날고 있습니다. 그리고 하늘과 땅의 여왕이신 성모 마리아는 그 가까이에 영예로운 자리를 차지하고 계시고, 그분 주위로 성인들과 천사들이 모여 있습니다.

물론 이러한 그림이 정확하지 않다는 것은 너무나 분명합니다. 우리가 그 큰 신비를 완벽하게 그려 낼 수 없기 때문입니다. 삼위의 각 위격은 서로 구분되면서도 서로 분리되지 않으며, 이제 천국에 있는 성인들은 여전히 한 개인이지만 모두가 서로 하나 되어 삼위의 하느님과 합체되었습니다(「가톨릭 교회 교리서」 1023-1027항 참조).

이제 옥좌에 앉아 계신 예수님이 아니라 성체를 바라보고 있다고 상상해 봅니다. 성부와 성령께서도 천상의 모든 존재들과 함께 그곳에 현존하십니다. 예수님께서 빵처럼 보이는 너울에 가려져 있다는 사실만 빼고는 달라진 것이 없습니다. '영광스럽게 천상 옥좌에 앉아 계신' 예수님께서 우리를 위해 너울 뒤에 현존하실 때 우리는 그 너머로 예수님뿐만 아니라 그분을 둘러싼 천국의 모든 존재를 볼 수 있습니다.

영어로는 제병을 가리켜 '호스트'Host라고 부르는데, 우리가 그 빵을 받아 먹을 때 그리스도께서 호스트이시고,* 성부와 성령은 그 호스트와 함께 계시며 우리 안에 그리스도와 함께 사십니다. 그리고 우리를 삼위 하느님과 천상의 모든 존재와 함께 하도록 초대해 주십니다. "삼위일체 하느님께서 우리를 만나러 오시어, 우리와 함께 우리 가운데 계시는 하느님이 되십니다."7 「가톨릭 교회 교리서」에서는 이러한 사실을 아주 아름답게 표현하고 있습니다.

> 그리스도인의 모든 삶은 이 삼위를 결코 분리하지 않으면서 각 위격과 친교communion를 이루어야 한다. … 우리는 지극히 거룩하신 삼위를 우리 안에 모시도록 부름을 받았다.
>
> 259-260항

---

* 'host'는 고대 로마에서 제사의 희생 제물을 가리키던 라틴어 'hostia'에서 유래한다. 또한 'host'는 손님을 식사나 잔치에 초대하는 주인을 가리키기도 한다. 저자는 하느님께 바치는 제사이자 주님의 거룩한 만찬 자리인 성체성사의 주인이신 그리스도께서 성부와 성령과 그 자리에 함께하시는 동시에 우리를 초대하고 계심을 강조한다. – 옮긴이 주

많은 성인들이 이러한 신적인 합일, 거룩한 삼위의 내재를 매우 실제적이고 인격적인 방식으로 경험했습니다. 성녀 파우스티나는 이렇게 썼습니다.

> 한번은 거룩한 영성체 뒤에 이러한 말이 들렸다. "너는 우리의 거처다." 바로 그 순간, 나는 내 영혼 안에서 성부, 성자, 성령, 거룩한 삼위께서 현존하심을 느꼈다.
>
> 「일기」, 451

그리고 성체 조배 시간에도 다음과 같은 경험을 했습니다.

> 나는 이전보다 훨씬 더 분명하게 하느님의 세 위격이신 성부, 성자, 성령을 알게 되었다. 나의 영혼은 이 세 위격과 친교를 나눈다. … 삼위의 단일함은 결코 나뉠 수 없는 것이기에, 누구든 셋 중 한 위격과 친교를 나누는 사람은 그로써 복된 삼위일체 하느님 전체와 합일한다.
>
> 「일기」, 472

성체성사를 통해 하느님은 우리에게 삼위의 그 생명을 나누어 주시니, 우리는 이토록 놀라운 선물에 얼마나 감사해야 하겠습니까! 시에나의 성녀 가타리나와 함께 우리는 경외와 기쁨을 담아 이렇게 노래해야 합니다.

> 하느님 당신 모습대로 우리를 창조하시고 당신 아들의 피를 통한 은총으로 우리를 거듭나게 하신 것으로도 충분하지 않으셨나요? 우리 영혼을 위한 음식으로 거룩한 삼위를 반드시 내어 주셔야 했나요?[8]

오상의 성 비오 신부에게 미사는 골고타일 뿐만 아니라 낙원이었으며, 복되신 동정 마리아는 늘 제대에서 함께하는 한결같은 동반자였습니다. 성 비오 신부는 이에 대한 질문을 받을 때면 모든 미사에 성모 마리아께서 모든 천사와 '천상 궁정 전체'와 함께 현존하신다고 설명했습니다. 미사 때마다 성인은 하늘이 열리고 하느님의 광휘가 빛나며 천사들과 성인들이 영광 속에 있는 모습을 보았습니다.[9]

리지외의 성녀 데레사는 첫영성체 때 매우 인격적인 방식으로 이를 경험했습니다. 축성된 빵의 형태로 그리스도의 몸을 받아먹을 준비가 되었을 때 성녀는 거룩한 삼위가 그녀 안에 곧 거하실 것을, 그리고 천국의 모든 존재 또한 자신에게 다가올 것을 깨달았습니다. 천국의 성인들과 천사들은 그리스도와 '온전히 한 몸'이 되었기 때문입니다(「가톨릭 교회 교리서」, 1026항 참조).

예식이 진행되는 동안 성녀 데레사는 감동의 눈물을 흘렸는데, 사람들은 성녀가 돌아가신 어머니와 이 특별한 순간을 함께 할 수 없어서 슬퍼한다고 오해했습니다. 성녀는 이렇게 썼습니다.

> 천국의 모든 기쁨이 한 작고 소외된 마음에 들어왔으나 그 마음이 너무나 연약하여 눈물 없이는 그 기쁨을 감당할 수 없음을 그들은 이해하지 못했다. 마치 첫영성체를 하는 그날에 어머니가 안 계시다는 사실이 나를 불행하게 만들 수 있기라도 하듯이! 내가 예수님을 받아 모셨을 때 천국의 모든 존재가 나의 영혼에 들어왔으므로 나의 어머니 또한 나에게로 왔다.[10]

세 번째 비밀

오직 하나의
미사만 있습니다

오, 미사 중에 얼마나 멋진 신비들이 일어나는가! … 언젠가 우리는 미사 때마다 하느님께서 우리를 위해 무엇을 하고 계시는지, 미사 중에 우리를 위해 어떤 선물을 준비하고 계시는지 알게 될 것이다. 오직 하느님의 사랑만이 우리를 위해 그러한 선물이 주어지도록 허락하실 수 있을 것이다.

성녀 파우스티나의 「일기」, 914

언제나 세상 어디에선가는 사제가 미사를 드리고 있을 것입니다. 실제로 바로 이 순간에도 수백 대의 미사가 진행되고 있을지 모릅니다. 그리고 그 미사들의 방식은 저마다 다를 수 있습니다. 사실 다양한 방식이 가능하기 때문에 가톨릭 신자들은 대부분 신앙생활을 하면서 '미사에 관한 선호 사항들'을 갖게 되었습니다. 우리는 제각기 특정한 유형의 미사들을 더 좋아하는 경향이 있는데, 그런 경향이 너무 심해서 자신에게 가장 잘 맞는 미사를 찾아 '쇼핑하듯이' 둘러보며 다니는 사람들이 있을 정도입니다.

기본적으로 우리는 미사 전에 미사가 어떻게 진행될지 알고 싶어 합니다. '미사 집전은 누가 하는지', '강론은 누가 하는지', '성가는 누가 담당하는지', '성체는 어떻게 나누어 주는지', '남자아이들이 복사를 서는지, 아니면 여자아이들이 복사를 서는지',

'미사 중에 무릎을 꿇는지, 그냥 일어서기만 하는지', 심지어는 (말하기조차 민망하지만) '시간은 얼마나 걸리는지' 등등.

우리 중에 어떤 이들, 특히 평일 미사나 정기적인 기도 모임의 미사, 혹은 가정에서 드리는 특별한 미사에 참여할 수 있는 사람들은 각각의 미사를 특별한 자신의 작은 미사로 여기면서 미사에 대한 강한 소유욕을 보입니다.

이러한 성향은 사제들에게 나타나는 일종의 '직업적 위험 요소'임에 틀림없다고 생각됩니다. 사제들은 자기 성당, 자기 사람, 자기만의 양식과 습관에 익숙해지기 마련이고, 그래서 전례가 마치 제 것인 양 굴면서 전례에 관한 소우주적 관점으로 끌려들어 가기 십상입니다.

어떤 사제들은 전례 자체의 경문을 바꿀 수 있는 권리가 자기에게 있다고 생각하기도 합니다. 이런 사제들은 미사 경문을 이러저러하게 바꾸면서 그렇게 하면 미사를 더 의미 있게 만든다고 느낍니다. 미사는 그들 자신의 개인적인 카리스마, 아이디어, 느낌과 믿음을 쏟아 놓는 논의의 장이 되고, 그들이 중요하다고 느끼는 것들을 강조하는 수단이 됩니다.

몇 년 전 한 기도 모임에서 미사를 집전하러 오신 손님 신부님이 떠오릅니다. 그분은 미사를 시작하면서 이렇게 말했습니다. "여기서는 미사를 어떻게 드리는지 모르겠지만, 오늘 미사는

'내 미사'이니 이런 식으로 드리겠습니다." 그런 다음 신부님은 자신이 원하는 바를 구체적으로 하나씩 말씀하셨습니다. 신부님의 말을 듣고 나는 이런 생각이 들었습니다. '내 미사'라고? 어떻게 '내 미사'라고 말할 수가 있을까?

우리는 시간과 공간의 한계에 갇힌 우리만의 작은 세계(그리고 때로는 자기 자신의 철학, 신학, 선호 사항들)에 함몰되는 경향이 있습니다. 그래서 미사에서 일어나고 있는 일들의 영원하고 보편적인 차원을 인식하지 못할 때도 많습니다. 성체성사 위에 너울이 드리워져 있듯이 미사 자체에도 너울이 드리워져 있기에 우리는 정말 멋진 신비 속으로 초대받고 있음에도 그 신비를 보지 못하고 있습니다. 그러니 더 앞으로 나아가기 전에 우선은 시간에 대해, 그리고 영원한 현재에 대해 잠시 이야기할 필요가 있습니다.

우리는 인간이기에 시간과 공간(물질과 중력과 더불어)의 제약을 받습니다. 우리는 사건들을 한꺼번에 인지하지 못하고 차례대로 인지하기 쉽습니다. 우리의 정신은 특정한 장소와 시간(과거, 현재, 미래)에 따라 각각의 사건을 분류합니다.

왜 갑자기 과학 수업에서나 들을 법한 이야기를 하는 걸까요? 이번 장의 나머지 내용을 이해하기 위해서입니다.

시간과 공간의 제약을 받는 우리는 그리스도의 십자가 사건을 단지 하나의 역사적 사건, 그러니까 어떤 특정한 시간에(대략

2000년 전) 특정한 장소에서(예루살렘) 일어난 비극적 사건으로 보기 쉽습니다. 물론 그리스도의 십자가 사건은 실제로 일어났습니다. 하지만 대부분의 우리에게 그 사건은 오래전에 일어난, 우리와 동떨어진 일입니다. 우리는 그러한 일이 일어났다는 사실을 애석해합니다. 그 사건에 대해 많이 생각하는 이들도 있을 것입니다. 또 그림이나 십자고상을 통해 그 사건을 기억 속에 새기는 이들도 있을 것입니다. 그러나 그들에게 그것은 과거의 사건입니다. 한 번 일어났고 지금은 끝난 일이라는 말입니다.

문제는 하느님께서 그 사건을 그런 방식으로 보지 않으신다는 것입니다. 교회 또한 마찬가지입니다. 하느님께는 시간이란 것이 없습니다.

> 주님께는 하루가 천 년 같고 천 년이 하루 같습니다.
>
> 2베드 3,8

교회는 항상 하느님께서는 한계가 없으시므로 시간과 공간(물질 및 중력과 함께)을 초월하신다고 가르쳐 왔습니다. 하느님께서는 모든 것을(과거와 현재와 미래를 관통하여) 한 번에 보십니다. 하느님께서는 모든 것이 늘 현존해 있습니다. 하느님은 영원한 현재 속에 사십니다. 이것이 예수님의 십자가 사건과 어떻게 연결

될까요?

교회의 가르침을 살펴봅시다. 「가톨릭 교회 교리서」에서는 그리스도의 수난, 죽음, 부활, 승천을 각각 분리된 사건으로 보아서는 안 되고, 교회가 '파스카 신비'라고 부르는 하나의 단일한 사건으로 보아야 한다는 점을 분명히 밝히고 있습니다. 이 파스카 신비는 특정한 시간과 장소에 국한할 수 있는 사건이 아닙니다. 그저 2000년 전에 예루살렘에서 한 번 일어났다가 완전히 끝난 사건이 아니라는 말입니다.

> 예수님께서는 지나가 버리지 않는 유일무이한 역사적 사건(파스카 신비)을 겪으신다. 예수님께서는 "단 한 번" 돌아가시고 묻히시고 죽은 이들 가운데서 부활하시어 성부 오른쪽에 앉아 계신다."

1085항

「가톨릭 교회 교리서」의 설명이 계속 이어집니다. 파스카 신비는 우리의 역사 속에서 일어난 실제 사건이지만, 다른 모든 역사상의 사건들과 다릅니다. 다른 사건들은 한 번 일어났다가 '사라지고 과거에 묻혀 버리기' 때문입니다. 반면에 파스카 신비는 '과거 안에만 머물 수 없는 것'입니다.

그리스도의 모든 것, 곧 모든 인간을 위하여 그분이 행하고 겪으신 모든 것들이 하느님의 영원성에 참여하고, 그럼으로써 그리스도께서 모든 시대를 초월하여 모든 시대에 현존하고 계시기 때문이다. 십자가와 부활 사건은 영속하는 것이며, 모든 것을 생명으로 이끌고 있다.

1085항

이 말의 뜻은 무엇일까요? 우리가 미사라고 부르는 성체성사의 희생 제사는 절대 고립된 개별 사건이 아닙니다. 미사는 매번 "그리스도의 유일한 제사를 재현(다시 현존하게)합니다."(1330항) 이것은 미사라는 기적의 일부입니다. 미사는 "우리를 구원한 사건을 상기시킬 뿐 아니라, 그것을 실현하고 현존하게 합니다. 그리스도의 파스카 신비는 (그때마다 새롭게) 거행되는 것이지 반복되는 것이 아닙니다."(1104항) 마찬가지로 "교회는 전례의 '오늘' 안에서 구원 역사의 이 큰 사건들을 다시 읽고 생생하게 되살립니다."(1095항)

성체성사의 희생 제사를 집전하는 사제는 무언가 새로운 것을 해내고 있는 것이 절대 아닙니다. 오히려 그 직무를 통해 지상에서 단 한 번 일어났고 천국의 성부 앞에서 언제나 현존하는 십자가의 희생 제사가 우리의 시간과 장소에서 지금 현존하게 되는 것입니다.

그러므로 "그리스도께서 바치신 희생 제사와 성찬례의 희생 제사는 동일한 제사입니다."(1367항) 그리고 트리엔트 공의회에서 가르치듯이, 사제와 제물 또한 동일합니다.

> 새 계약의 영원한 대사제이신 그리스도께서 친히, 사제들의 직무를 통해서 활동하심으로써 성찬의 희생 제사를 드리신다. 그뿐만 아니라 빵과 포도주의 형상 안에 실재하시는 바로 그 그리스도께서 성찬의 희생 제사의 제물이 되신다.
>
> 「가톨릭 교회 교리서」, 1410항

그러므로 실제로는 오직 하나의 미사, 하나의 영원한 성체성사의 전례가 있을 뿐이며, 이는 천국에서 항상 일어나고 있는 사건입니다. 오직 한 분이신 대사제 그리스도께서는 이 전례를 집전하시면서, 성모 마리아와 성인들, 그리고 끝없이 주님을 찬양하는 천사들에 둘러싸여 계신 천국의 성부께 단 한 번인 자신의 희생 제사를 영원히 드리고 계십니다.

우리는 우리만의 시간과 장소라는 한계 안에 갇힌 채로 성당 신자석에 앉아서 사제와 함께 우리의 특정한 미사에 참여하고 있습니다. 하지만 실제로는 그리스도께서 우리를 너울 너머로 들어오라고 초대하고 계십니다. 그리하여 그분은 우리를 시간으로부터 들어 올려, 영원한 현재로, 바로 그 천국의 지성소 안으로 들어가게 하시며, 그곳에서 우리를 성부 하느님의 현존 속으로 이끄십니다(히브 10,19-21 참조).

「가톨릭 교회 교리서」에서 설명하는 바와 같이, 우리는 지상의 전례를 행하면서 '천국의 전례'에 참여합니다.

> 우리는 이 지상의 전례에 참여하며… 천상 전례를 미리 맛본다. 그곳에서는 그리스도께서 지성소와 참다운 성막의 사제로서 하느님의 오른쪽에 앉아 계신다. 하늘의 모든 군대와 함께 (우리는) 주님께 영광의 찬미가를 부른다.
>
> 1090항

얼마나 멋진 현실입니까! 작은 성당에서 드리는 우리의 미사를 통해 언제 어디서나 "우리는 이미 천상 전례와 결합되며, … 영원한 생명을 미리 맛봅니다."(1326항) 이 거룩한 희생 제사에 참여함으로써 우리는 시간과 장소의 굴레에서 빠져나가 "이미 천상 교회와 복되신 동정 마리아와 모든 성인과 결합됩니다."(1419항) 미사를 드릴 때 우리는 단지 미사에만 참여하고 있는 것이 아닙니다. 우리는 하나뿐인 그 영원한 전례를 거행함으로써 천상과 지상의 모든 존재와 함께하고 있는 것입니다!

이러한 생각이 처음 머릿속에 떠오른 때가 기억납니다. 아침 미사가 끝난 뒤에 조지 코시키 신부님과 이런 생각을 나누곤 했습니다. 그러던 어느 날 아침 미사 중에 신부님이 감사 기도를 마치시고 이렇게 말씀하셨습니다. "자, 이제 끝없이 주님을 찬양하며 노래하는 천사들의 합창에 우리도 함께 참여합시다." 바로 그때 무언가 찰칵 소리를 내며 맞아떨어지는 듯한 느낌이 들었습니다!

신부님과 나는 서로 바라보았고 두 사람 모두 같은 생각을 하고 있다는 것을 알았습니다. "우와! 그래, 이거야말로 진짜 우리가 하고 있는 거지! 이건 나의 '거룩하시도다, 거룩하시도다, 거룩하시도다'가 아니지. 나만의 작은 찬양을 노래하고 있는 것이 아니라, 천사들이 늘 부르고 있는 그 노래를 나도 함께 부르는 것이지!"

성녀 파우스티나 또한 이러한 현실을 종종 표현했는데, 단지 전례를 거행할 때만이 아니라 성체 조배 때에도 그러했습니다. 성녀는 '성체성사 때에 그리스도의 발아래에서'라는 기도문에 이렇게 썼습니다.

> 영광의 왕이시여, 당신은 당신의 아름다움을 감추시나 내 영혼의 눈이 그 너울을 찢나이다. 당신께 끊임없이 영광 돌리는 천사들의 합창대와 끊임없이 당신을 찬양하는 모든 천상의 세력들이 보이오니, 그들 모두가 끊임없이 '거룩하시도다, 거룩하시도다, 거룩하시도다!'를 외고 있나이다.
>
> 「일기」, 80

이 모든 것을 이해한다면 우리가 어떻게 미사를 '우리의 미사'라고 여길 수 있겠습니까? 우리는 홀로 기도하고 있지 않고, 우리와 함께 성당 안에 있는 사람들하고만 기도하고 있지도 않습니다. 미사는 지상에서 우리가 누릴 수 있는 가장 완전한 일치의 경험입니다. 미사를 드릴 때 우리는 지상과 천상의 전체 교회와 함께 기도하고 있는 것이니 말입니다. 그러므로 어떤 미사에 우리가 그러기를 바라거나, 그래야 한다고 생각하는 요소들이 얼마큼 빠져 있든, 우리는 미사 자체를 통해 우리가 참여할 수 있게 되는 경이로운 이 전례를 볼 수 있어야 합니다.

신학자 스콧 한은 『어린양의 만찬』(모든 가톨릭 신자가 읽어야 할 책입니다)에서 이 천국의 전례가 얼마나 경이로운지, 그리고 그 전례에 대한 우리의 참여가 얼마나 실제적인지 잘 설명합니다.

미사에 갈 때 우리는 천국에 가는 것이다. 이것은 단순히 상징이나 은유가 아니며, 우화나 비유도 아니다. 이것은 실제다. … 우리는 미사에 갈 때 정말로 천국에 가는 것이다. 이는 음악의 수준이라든가 강론의 열정과는 상관없이, 우리가 참석하는 모든 미사에 해당되는 진실이다. … 미사는—정말로 각각의 모든 미사는—지상에 현존하는 천국이다.[12]

그렇다면 사제는 어떻게 되는 걸까요? 이 모든 설명 어디에 사제가 있습니까? 스콧 한의 설명처럼 "우리가 미사에 갈 때마다 예수님과 함께 천국에 있는 것"[13]이라면 천상과 지상이 하나가 되는 이 놀라운 사건에서 사제의 역할은 무엇일까요? 사제에게 딱 맞는 자리는 어디일까요?

교황 성 요한 바오로 2세는 사제직이 성체성사와 분리될 수 없게 연결되어 있다고 설명합니다. 사제에게는 모든 특권 중에서도 가장 독특한 특권이 심오한 책임과 함께 부여되었습니다. "성체성사 없이는 사제직도 있을 수 없듯이, 사제직 없이는 성체성사도 있을 수 없습니다."[14] 교황 성 요한 바오로 2세는 형제인 사제들과 주교들에게 보내는 서한 「주님의 만찬」(성체 신비와 공경에 관하여)에서 이렇게 말합니다.

우리의 성품聖品으로, 우리는 성찬례에 유일하고도 특별한 방식으로 결합됩니다. 어떤 의미에서 우리는 성찬례에서 비롯되고 또 성찬례를 위하여 존재합니다. 우리는 또 특별한 방식으로 성찬례에 대한 책임을 갖습니다.[15]

그리고 이어서 이렇게 말합니다. 성체성사는 하느님께서 우리에게 주시는 "은총과 성사 가운데 가장 위대한 선물입니다."[16] 따라서 교회는 특별히 일치의 성사로서 성체성사의 거룩함을 보호하고 보존할 특별한 책임이 있습니다. 미사를 거행하는 모든 사제는 "그 자신이 자기 공동체와 함께 기도드릴 뿐 아니라 온 교회가 기도하고 있음"[17]을 상기해야 합니다. 그러므로 "사제는 전례문과 거룩한 예식을 마치 자기 전유물인 양 자유롭게 개인 방식대로 바꾸어 쓸 수 있는 '주인'이라고 생각하여서는 안 됩니다."[18]

교황 성 요한 바오로 2세는 서품 50주년을 맞아 출간한 『Gift and Mystery』(은총과 신비)에서도 이 주제를 다시 다루면서 사제는 "하느님의 신비들을 담당하는 청지기일 뿐 주인이 아니다."라고 설명합니다.

사제는 그리스도에게서 구원의 보물들을 받아… 자신이 파견 받은 사람들에게 나누어 주어야 한다. … 누구도 자기 자신을 이 보물들의 '주인'이라고 여겨서는 안 된다. 이 보물들은 모두를 위한 것이다. 그러나… 그 보물들을 관리하는 것은 사제들에게 맡겨진 일이다.[19]

「가톨릭 교회 교리서」는 이러한 가르침을 매우 명확한 방식으로 확인하면서, 이렇게 설명합니다. 전례는 신성하므로 "어떠한 성사 예식도 사제나 공동체가 마음대로 변경하거나 조작해서는 안 된다. 심지어 교회의 최고 권위자도 전례를 마음대로 바꿀 수 없으며, 오로지 신앙에 순종하고 전례의 신비를 경건하게 존중하는 가운데 전례를 개정할 수 있다."(1125항)

단순히 '보물들을 나누어 주고' 성체성사 신비의 신성함을 보존하며, 이 일치의 성사에서 벗어나는 어떠한 소유권이나 개인주의를 삼가는 것이 사제에게 맡겨진 일이라면 사제의 위대한 특권은 대체 언제 발휘할 수 있을까요? 사제는 단지 그리스도와 교회를 위한 영적인 로봇에 불과한 것일까요?

교황 성 요한 바오로 2세의 설명처럼, 사제는 매우 실제적인 의미에서 '또 하나의 그리스도'가 될 만큼 그리스도에게 매우 완전하고도 인격적으로 합일하도록 부름받았습니다.

사제성소는… 하느님과 인간 사이의 '경이로운 교환'의 신비다. 한 사람이 그리스도께서 그를 구원의 도구로 사용하시어, 이를테면 그를 또 하나의 그리스도로 만드시도록 그리스도께 자신의 인성을 내어 드리는 것이다.[20]

사제는 성품을 통해 단지 그리스도를 대표하는 권한을 부여받았을 뿐 아니라, 유일하게 그리고 성사적으로 그리스도와 동일시됩니다.

사제는 이 거룩한 희생 제사를 그리스도로서(in persona Christi) 바칩니다. 이것은 단순히 그리스도의 '이름으로'라든지 그리스도를 '대신하여' 봉헌한다는 뜻이 아닙니다. 'in persona'라는 말은 참으로 그 누구도 대신할 수 없는 이 희생 제사의 창시자이시고 근본 주체이신 "영원하신 대사제"와 성사를 통하여 특별하게 일치한다는 뜻입니다.[21]

성체성사를 거행할 때 사제는 자신의 개인적인 미사를 드리고 있는 것이 아니라, 이 완전하고 인격적인 그리스도와의 동일시를 통해 그 단일하고 영원한 미사를 다시 현존하게 할 수 있습니다.

그리스도께서 십자가 위에서 드린 희생 제사와 동일한 구속의 제사를 그리스도로서(in persona Christi) 매일 다시 현존하게 할 수 있는 것보다 더 위대한 인성humanity의 성취가 있겠는가? 이 희생 제사에서 … 삼위일체의 신비가 가장 심오한 방식으로 현존하며 … 창조된 온 우주가 '하나로 결합'된다(에페 1,10 참조).[22]

네 번째 비밀

오직 하나의 기적만 있는 것은 아닙니다

얼마나 놀라운 기적인가! 누가 그러한 일을 상상이나 했겠는가! … 천사들이 사람들을 질투할 수 있다면 그 이유는 단 하나, 영성체 때문일 것이다.[23]

성 막시밀리아노 콜베

단순하게 이해하고 단순한 믿음을 지녔던 어린아이 시절에는 기적이란 마법 같은 것이었습니다. 그리스도께서 어떻게 기적을 행하셨는지 전혀 알지 못했고, 사실 별로 신경도 쓰지 않았습니다. 그저 기적이란 '아주 멋진' 일이라고만 생각했으니까요.

짜잔! 물이 포도주로 변했다. 짜잔! 나병 환자가 나았다. 짜잔! 바람이 멎었다. 짜잔! 죽은 사람이 살아났다.

이런 기적들이 있으려면 어떤 일들이 일어나야 했는지 전혀 생각해 보지 않았고, 특정 변화에 관련된 복잡한 사안들에도 관심을 가져 본 적이 없었습니다. 어린아이의 생각으로는 기적이란 그저 위대한 마법사가 지팡이를 휘둘러 순간적으로 일으키는 별개의 사건에 불과했습니다.

그리고 그중에서도 최고는 성체성사였습니다! 나는 완전히 몰입해서 무릎을 꿇고 사제가 들어 올리는 성체를 뚫어지게 바라보았습니다. "이는 내 몸이다." 짜잔! 여전히 빵처럼 보이는 것이 이제 더 이상 빵이 아니라 그리스도입니다. "이는 내 피다." 짜잔! 그것은 더 이상 포도주가 아니라 그리스도입니다. 그다음 나는 고요한 경외심 속에서 토마스 사도의 신앙 고백을 나지막이 속삭였습니다. "저의 주님, 저의 하느님!"(요한 20,28)

하느님께 감사하게도, 어린아이 같은 그 믿음은 나를 떠나지 않았습니다. 나는 여전히 경외심을 느끼며, 여전히 토마스 사도의 그 강력한 말을 매번 속삭입니다. 하지만 이제 더 이상 그것은 단순히 하나의 위대한 기적이 아니라 기적들의 묶음입니다(이 말을 복잡하고 심오한 신학적 정의로 쓰면 어떨까요?). 이러한 생각에 변화를 가져온 것은 교황 레오 13세의 가르침입니다. 그는 성체성사에 관한 회칙에서 이렇게 썼습니다.

> 독특한 기적들의 풍부한 다양성에 의하여 모든 초자연적 실재가 오로지 이 신비 안에 내포되어 있다는 것은 의심 없는 사실이다.[24]

이 얼마나 강력한 구절입니까! 성체성사는 우리의 이해를 훨씬 넘어섭니다. 그 안에는 "모든 초자연적 실재"가 담겨 있으며, 이는 단 하나의 기적을 통해서가 아니라 "기적들의 풍부한 다양성"에 의하여 이루어집니다.

사제가 빵과 포도주를 축성할 때 이 기적들이 일어납니다. 프레더릭 페이버 신부는 『The Blessed Sacrament』(성체)에서 이렇게 설명합니다.

> …빛나는 일련의 기적들[이 일어나는데] 각각의 기적은 무無로부터 세상이 창조된 것보다 더욱 경이롭다.[25]

이 빛나는 기적들은 하나씩 차례로 일어나는 것이 아니라 한꺼번에 같이 일어납니다. 페이버 신부는 이렇게 설명하고 있습니다.

> 여기에 연속적으로 일어나는 것은 전혀 없다. 한순간에 이 기적들 전부가 관통되며 성취된다.[26]

동시에 함께 일어날 뿐 아니라, 각각의 기적이 세상의 창조보다 더 경이롭다고 하는 이 모든 기적들은 무엇일까요?

이 질문에 완전한 답을 알게 되리라고는 생각하지 않습니다. 적어도 천국의 이쪽, 곧 지상 삶에서는 알 수가 없을 것입니다. 성녀 파우스티나는 일기에 이렇게 적었습니다. "자비의 기적들은 불가해하다. 죄인도 의인도 그 기적들을 가늠하지 못할 것이다."(『일기』, 1215)

그러나 이 '다양한 기적들'을 하나씩 나열하고 완전히 이해할 수 있게 되는 것이 관건은 아닙니다. 단순히 성체성사의 신비에 관한 복잡한 문제들을 인정하고 무엇이든 그 기적들에 관해 우리가 어렴풋하게나마 볼 수 있는 것들을 들여다본다면 우리에게 주어진 특별한 선물이 무엇인지 더 많이 인식할 수 있게 될 것입니다.

우리는 이미 이 기적들을 조금이나마 엿보았습니다. 앞서 살펴본 성체성사에 관한 세 가지 비밀을 돌아봅시다.

- ✢ 순전한 한 피조물의 말로 빵과 포도주는 더 이상 존재하지 않게 되지만, 빵과 포도주의 과학적 속성들은 그대로 남는다.
- ✢ 우리의 감각이 여전히 빵과 포도주로 인지하고 있는 것의 가장 작은 조각조차도 이제는 그리스도이다.
- ✢ 그리스도의 현존은 상징적이거나 부분적이지 않고 실제적이며 완전하다. 그리스도의 몸, 피, 영혼, 신성이 모두 현존한다.

✧ 그리스도는 천국에서 살아 계시며 영광을 누리시는 것과 같이 참으로 현존하신다.

✧ 그리스도는 천국을 떠나지 않으신다. 천국에 계신 그분의 존재가 불어나지 않고도 미사가 거행되는 모든 장소에 현존하게 되는 것이다.

✧ 오직 그리스도만이 빵과 포도주의 형상 아래 성사적으로 현존하신다. 하지만 그리스도는 홀로 계시지 않는다. 성부와 성령, 그리고 천국의 모든 존재가 그분과 함께 현존한다.

✧ 매번 미사를 드릴 때마다 우리는 시간으로부터 들어 올려져 영원으로 들어가 천사들과 성인들과 함께 하나의 신성한 전례에 참여한다. 이 전례는 그리스도께서 단 한 번의 제사를 성부께 드리시듯 천국에서 계속적으로 거행되고 있다.

✧ 사제는 그리스도와 '구체적인 성사적 동일시'를 받게 되는 유일하고 예외적인 방식으로 성체성사에 결합되어 있다. 이로써 사제는 그리스도로서 거룩한 희생 제사를 드릴 수 있게 된다.

✧ 성체성사의 희생 제사를 통해 '창조된 온 우주가 하나로 결합된다.'

이 모든 기적은, 아마도 우리가 알지 못하는 더 많은 기적과 함께 순간적으로 동시에 일어납니다. 교황 레오 13세의 말씀으로 돌아가 보면, 우리가 이 '기적들의 풍부한 다양성에 의하여' '모든 초자연적 실재'를 받게 된다는 사실을 알 수 있습니다.

토마스 아퀴나스 성인 또한 같은 이야기를 하고 있습니다. 성인의 설명에 따르면 성체성사에는 '교회의 영적 재산 전부'[27]가 담겨 있으며, 그래서 성체성사는 '모든 성사들의 목적'입니다. 「가톨릭 교회 교리서」 또한 같은 진리를 강조합니다.

> 성찬례는 "그리스도교 생활 전체의 원천이며 정점이다."(「교회 헌장」) "다른 여러 성사들은 성찬례와 연결되어 있고 성찬례를 지향하고 있다. 실제로, 지극히 거룩한 성체성사 안에 교회의 모든 영적 선이 내포되어 있다."(「사제 생활 교령」)
>
> 1324항

물론 교황 성 바오로 6세 또한 성체성사를 단지 하나의 위대한 신비로만 언급하지 않고 바로 "신앙의 신비"로 간주했습니다.[28] 주님께서는 우리에게 이 성사를 통해 우리가 이해할 수 있는 것보다 더 많은 것을 주셨습니다. 성녀 파우스티나도 말합니다. "우리는 오직 영원 안에서만, 거룩한 영성체를 통해 우리 안에서 일으켜진 그 위대한 신비를 알게 될 것이다."(「일기」, 841)

교황 성 요한 바오로 2세는 이렇게 설명합니다. "성체성사의 희생 제사는 모든 것을 포괄하는 단 하나의 희생 제사입니다. 성체성사는 교회의 가장 큰 보물이며… 표현될 수 없는 선물입니다."29

기적들을 통하여 주님께서는 모든 것을 아우르는 이 선물을 우리에게 주십니다. 그 기적들에 대해 주님께 감사드립니다. 또한 우리가 그 선물을 받아들일 때 주님께서 우리 안에서 성취하시는 기적들에 대해서도 주님께 감사드립니다. 우리는 성체를 통하여 "하늘의 온갖 은총과 축복을 가득히 받습니다."(「가톨릭 교회 교리서」, 1402항)

다섯 번째 비밀

우리는 받기만 하는 것이 아닙니다

성체성사는 단순히 받는 것 이상을 포함합니다. 성체성사에는 그리스도의 갈망을 채워 드리는 것도 포함됩니다. 그리스도는 '나에게 오라'고 말씀하십니다. 그리스도는 영혼들을 갈망하십니다. 복음은 어디서나 '저리 가라'고 말하지 않고, 늘 '나에게 오라'고 말합니다.[30]

성녀 마더 데레사

앞서 우리가 사용하는 말이 우리가 숙고할 것에 대한 이해를 제약함으로써 우리 자신에게 걸림돌이 될 수 있음을 보았습니다. '받다'라는 말도 그런 말들 가운데 하나입니다.

'그리스도의 몸'이라는 말은 순전히 그리스도의 인성이나 십자가에서 돌아가신 그리스도의 시신의 형상만을 암시할 수 있습니다. 그래서 '성체를 받다'라는 말은 수동적인 실제를 암시할 수 있습니다. 이는 우리가 정말로 아무것도 '하고 있지' 않다는 생각을 강화할 수 있습니다. 무언가를 하고 계신 분은 하느님이시고 우리는 단순히 받고만 있다는 것입니다.

그러나 우리에게 주어지는 이 믿기 어려운 선물에 관해 앞서 우리가 살펴본 것들, 우리가 하느님을 완전히 받을 수 있도록 일어나고 있는 그 엄청난 기적들을 다시 생각해 봅시다. 어떻게 우리가 그러한 선물을 순전히 수동적인 방식으로 받을 수 있겠습니까?

물론 그리스도께서 무언가를 하고 계십니다. 하지만 그분이 하고 계시는 일 중에는 그분의 주도권에 적극적인 방식으로 응답하도록 우리를 초대하시는 일도 포함됩니다.

성녀 마더 데레사의 설명대로, 그리스도는 '영혼들을 갈망하시며', 그분에게로 와서 그 갈망을 채워 달라고 우리를 부르십니다. 그저 영성체Communion하라는 것이 아니라, 친교communion 안으로 들어오라는 것입니다.

우리는 어떻게 그 친교 안으로 들어갈까요? 한 가지 방법은 친교라는 단어 자체를 새롭게 바라보는 것입니다. 영성체와 친교를 모두 가리키는 영어 단어 'communion'은 본래 "~와 합일" 또는 "완전히 하나"라는 뜻입니다. 성체성사를 표시하기 위해 사용할 때 이 단어는 혼인성사에서 이루어지는 것과 비슷한 합일을 시사합니다. 혼인성사에서는 '두 사람이 만나 한 몸을 이루다'라고 하기 때문입니다. 「가톨릭 교회 교리서」의 설명을 따르면 성체성사는 '거룩한 친교'Holy Communion라고 불립니다.

> 우리는 이 성사를 통하여 그리스도와 일치하며, 그분은 우리를 당신의 몸과 피에 참여하게 하여 한 몸을 이루게 하시기 때문

이다.

> 1331항

이 나누어진 유일한 빵 곧 그리스도를 받아 먹는 모든 사람은 그리스도와 친교를 이루며 그리스도 안에서 오직 한 몸을 이룬다.

> 1329항

인용한 구절에 등장하는 행동들에 주목해 봅니다. 우리는 그리스도와 '일치하며', 그리스도와 '친교를 이룹니다(친교 안으로 들어갑니다).' 혼인성사에서는 신랑과 신부가 바라는 합일을 이루기 위해 각 인격 사이에 서로에 대한 적극적인 참여와 '나눔'*이 일어나듯이, 성체성사에서 성체를 받아 먹는 것 또한 그러합니다. 하느님께만 모든 것을 맡겨 드릴 수는 없습니다.

교황 베네딕토 16세는 이렇게 썼습니다.

> 영성체는 예수 그리스도와 친교를 이루는 것을 의미한다. … 여기서 우리에게 주어진 것은 몸의 한 조각, 즉 어떤 사물이 아니

---

* communication – "공통의 것으로 만들다, 나누다"라는 뜻의 라틴어 'communicare'에서 비롯된 'communicate'는 주로 지식, 정보, 감정 등에 쓰여 "소통하다"라는 뜻인데, 교회에서는 "영성체하다"라는 뜻으로 사용한다. – 옮긴이 주

라, 죽은 이들 가운데서 부활하신 바로 그분 자신이다. 그분은 사랑 안에서 자기 자신을 우리와 함께 나누시는 인격person이시다. … 이것이 의미하는 바는 영성체란 언제나 인격적 행동이라는 것이다. … 영성체에서 나는 주님 안으로 들어가며, 주님은 나에게 자기 자신을 나누어 주고 계신다.[31]

제대로 영성체할 때는 단지 무언가를 내 안으로 받아들일 뿐만 아니라, 적극적으로 그 과정에 참여하고 내 안에 현존하시는 그분과 온전히 함께하며, 내 전 존재를 그분과 결합함으로써 그리스도와 '한 몸'이 되어, 그분을 통해 성부와 성령과의 유일하고 인격적인 만남으로 들어가는 것입니다.

신자들은 성찬례를 거행하며… 성자를 통하여 성령 안에서 성부께 나아가며, 지극히 거룩하신 삼위일체와 친교를 이룹니다.

제2차 바티칸 공의회 문헌 「일치 운동에 관한 교령」, 15항

친교 안으로 들어가(친교를 이루어) 그리스도와 인격적으로 만나는 것, 그리고 그리스도를 통하여 삼위일체의 다른 두 위격과 인격적으로 만나는 것은 단순히 하느님께서 우리 안에 머물러 계시는 것만 의미하는 것이 아닙니다. 여기에는 관계성이 포함됩

니다. 하느님께서 내 안에 머물러 계신다는 사실은 상호 응답을 요구하는 선물입니다. 그리스도께서 당신을 우리에게 내어 주시듯이 우리는 우리 자신을 그리스도께 내어 드려야 합니다. 그리스도의 계획은 그저 당신이 우리 안에 사시는 것뿐 아니라, 우리도 그분 안에 살도록 하시는 것입니다. "내 살을 먹고 내 피를 마시는 사람은 내 안에 머무르고, 나도 그 사람 안에 머무른다."(요한 6,56)

예루살렘의 성 치릴로는 매우 회화적인 이미지를 사용해, 우리를 초대하는 성체성사의 이 친밀한 합일을 전달합니다.

> 녹은 밀랍에 녹은 밀랍을 부으면 한쪽이 다른 쪽으로 완벽하게 스며든다. 마찬가지로 그리스도의 몸과 피를 받으면 그 사람 안에 그리스도가 계시고 그도 그리스도 안에 있는 합일이 이루어진다.[32]

「가톨릭 교회 교리서」는 "우리는 이 초대에 응하기 위해서, 이 위대하고도 거룩한 순간을 위해 우리 자신을 준비하여야 한다."(1385항)고 가르칩니다. 우리는 어떻게 성체성사를 준비해야 할까요? 「가톨릭 교회 교리서」는 다음과 같은 최소한의 요구 사항들을 제시합니다.

✢ 양심 성찰을 한다.

✢ 중한 죄를 지었다고 느끼는 사람은 성체를 모시기 전에 고해 성사를 받아야 한다.

✢ 이 위대한 성사 앞에서 신자는 겸손하게, 열렬한 신앙으로 백인대장의 말을 되풀이할 수밖에 없다. "주님, 제 안에 주님을 모시기에 합당치 않사오나, 한 말씀만 하소서. 제가 곧 나으리이다."

✢ 교회가 정한 공복재를 지켜야 한다.

✢ 몸가짐(행동, 복장)은 그리스도께서 우리의 손님이 되시는 그 순간에 걸맞은 존경과 정중함과 기쁨을 나타내야 한다.

1385-1387항

이 최소한의 요건들 외에도 교회는 늘 영성체 전에 준비 시간과 영성체 후 감사의 시간이 중요함을 강조해 왔습니다. 우리를 초대하는 이 성사의 상호적 사랑과 일치의 보다 깊은 관계로 들어갈 수 있도록 우리 마음과 정신을 올바르게 가다듬어야 하기 때문입니다.

성인들은 얼마나 진심을 다했겠습니까! 정성껏 영성체를 준비하고 하느님께 감사의 기도를 드리던 과거 성인들과, 오늘날 그저 미사에 참석해 성체를 받아 먹고 파견 강복이 끝나면 곧장 성당을 떠나 버리는 우리는 너무나 선명히 대비됩니다.

성녀 파우스티나는 말합니다. "내 삶의 가장 엄숙한 순간은 영성체를 받아 먹는 바로 그 순간이다."(「일기」, 1804) 그 순간의 중요성을 인식하고 성녀는 늘 정성껏 준비하는 시간을 가졌으며, 그리스도가 누구신지를 알아보고 그분을 만나러 달려가는 자신의 마음을 그분의 마음에 일치시키는 시간을 내기 위해 애썼습니다.

> 내 영혼은 주님의 오심을 준비하고 있다. 주님은 모든 것을 할 수 있으시고, 나를 완전하고 거룩하게 만드실 수 있다.
> 영원한 영광의 왕이신 주님, 나는 무엇이고 당신은 누구인가요? 내 마음아, 너는 오늘 누가 네게 오는지 알고 있느냐? … 그분이 다가오시는 소리가 들린다.
> 나는 밖으로 나가 그분을 만나 내 마음의 거처로 초대하며, 그분의 위엄 앞에 나 자신을 깊숙이 겸손하게 낮춘다.
> 내가 하느님을 받아 모시는 순간, 나의 모든 존재는 그분 안에 스며든다.
>
> 「일기」, 1825; 1810; 1806; 1814

아시시의 성 프란치스코는 성체성사에 관한 아름다운 명상

속에서 형제 수사들에게 겸손하게 온전히 자신을 내어 놓으며 친교로 들어가라고 권고했습니다.

> 형제들이여, 하느님의 겸손을 보고 그대들의 마음을 그분 앞에 내어 놓으십시오! 그분이 그대들을 높이시리니 겸손히 그대들을 낮추십시오! 당신 자신을 그대들에게 전적으로 내어 주시는 그분께서 그대들을 온전히 받아들이시리니, 그대들 자신을 위해 아무것도 남겨 두지 마십시오![33]

많은 성인들이 영성체 후 감사의 시간을 가졌습니다. 이 시간에 성인들은 커다란 통찰을 얻고, 종종 황홀경에 들기도 했습니다. 파치의 성녀 마리아 막달레나는 이렇게 썼습니다. "영성체 후 몇 분은 우리 삶에서 가장 소중한 시간입니다."[34] 예수의 성녀 데레사는 미사가 끝난 뒤에 서둘러 나가지 말고 하느님께 감사드릴 수 있는 이 기회를 소중히 여기라고 권고했습니다. "예수님과 함께 다정하게 머무릅시다. 영성체 뒤에 이어지는 시간을 헛되이 쓰지 맙시다."[35] 그리고 몽포르의 성 루도비코는 이렇게 썼습니다. "낙원에서의 한 시간을 준다 해도 나는 이 감사의 시간을 내놓지 않을 것이다."[36]

아마도 영성체 후의 이 완전한 친교와 그로 인해 하느님과 깊은 합일에 온전히 들어가는 모범을 보여 주는 가장 현대의 성인은 2002년 6월 16일에 시성된 피에트렐치나의 성 비오 신부일 것입니다. 그는 다음과 같이 썼습니다.

> 미사가 끝났을 때 나는 하느님께 감사드리며 예수님과 함께 머물렀습니다. 그날 아침, 낙원과의 대화는 얼마나 달콤하던지! 그에 관한 모든 것을 말해 드리고 싶지만, 나는 그럴 수 없습니다. … 예수님의 심장과 내 심장이(이런 표현을 쓰는 것을 허락해 주시길) 융합되었습니다. 더 이상 두 개의 심장이 아니라 오직 하나의 심장이 될 뿐이었습니다. 대양에 떨어진 물방울처럼 내 심장은 사라졌습니다. 예수님은 내 심장의 낙원이며, 임금이셨습니다. 나의 기쁨은 주체할 수 없을 만큼 강렬하고 깊어서 행복의 눈물이 뺨을 타고 쏟아져 내렸답니다.[37]

여섯 번째 비밀

영성체는
모두 제각기 다릅니다

영성체하는 사람이 예수님을 더 많이 닮을수록 거룩한 영성체의 열매도 더욱 훌륭해질 것이다.[38]

성 안토니오 마리아 클라렛

사실 성체성사의 여섯 번째 비밀은 다섯 번째 비밀의 연장입니다. 어떤 것을 받을 때 어떻게 받는가는 무엇을 받는가와 절대적으로 관련되어 있기 때문입니다. 예수님과의 친교 안으로 들어가 그분과 결합되어 하나가 될수록 나의 영성체는 더욱 유익할 것입니다.

살아온 대부분의 시간 동안 나는 영성체를 미사 때마다 단순히 반복하는 특정 행동으로 여겼습니다. 오늘 영성체와 어제의 영성체, 내일 하게 될 영성체 사이에 어떤 차이가 있으리라는 생각을 전혀 하지 못했습니다. 앞서 말한 수동적인 정신 상태, 곧 나는 실제로 아무것도 하고 있지 않다는 오해와 결국 같은 생각이었던 것입니다. 무엇인가를 하는 것은 하느님뿐이고, 영성체 때마다 하느님은 매번 똑같은 일을 하신다고 여겼습니다. 이러한 생각이 옳은 것일까요?

당연히 그것은 잘못된 생각입니다. 지금까지 다섯 가지 비밀을 통해 우리는 그리스도께서 영성체를 통해 우리를 위해 하시려는 놀라운 일들에 관한 '기쁜 소식'을 살펴보았습니다. 그분은 우리에게 은총의 기적을 넘치도록 부어 주려 하십니다. 또한 우리가 그분 안에 살듯이 그분도 우리 안에 살기를 원하십니다.

한편 '나쁜 소식'도 있습니다. 즉 우리의 태도가 옳지 않으면 이 모든 일은 전혀 일어나지 않습니다. 토마스 아퀴나스 성인은 말합니다. "그릇된 개인person에게는 성사도 아무런 효력을 발휘하지 못한다."[39] 매우 강력한 언명입니다. 이러한 내용을 성당의 강론대에서 마지막으로 들었던 것이 언제입니까? 한번 상상해 봅시다. 사람들이 자리에서 일어나 앞으로 나가 성체를 받으려고 하는데, 사제가 마치 교통경찰처럼 손을 들어 사람들을 멈춰 세우고 이렇게 말하는 겁니다.

여러분, 잠시 멈춥시다! 여러분 모두가 앞으로 나와서 성체를 받고 싶어 한다는 걸 잘 알고 있습니다. 하지만 여러분이 스스로를 먼저 살펴보아야 한다는 사실을 말씀드리고 싶습니다. 여러분이 그릇된 사람이라면 이 성체성사는 여러분에게 아무런 효력도 발휘하지 못할 테니까요.

이런 일이 일어난다면 미사가 끝난 뒤 성당 주차장에서 흥미로운 토론이 벌어질 수도 있겠습니다. 특히 너무나 명백한 질문이 제기되겠지요. '그릇된' 사람이란 대체 어떤 사람일까? 토마스 아퀴나스 성인은 다음과 같이 설명합니다.

> 내밀한 자아가 외부로 표현되는 것에 상응하지 않을 때 우리는 그릇된 사람이다. 성체성사는 그리스도를 받은 이에게 그리스도께서 합체되고 그는 그리스도께 합체된다는 외적 표지다. 만약 그의 마음에서 이러한 합일을 갈망하지 않고 그 합일에 대한 모든 장애물을 제거할 시도조차 하지 않는다면 그는 그릇된 사람이다. 그러면 그리스도께서는 그 안에 머물지 않으시고 그 또한 그리스도 안에 머물지 않는다.[40]

영성체 때 그리스도와 하나가 되는 이 특별한 성사적 합일을 갈망하지 않고 나의 마음이나 정신에서 이 합일을 방해하는 것을 제거하고자 노력하지 않는다면 그리스도께서 나에게 주고자 원하시는 성사적 효력은 발휘되지 않습니다. 그때는 성체를 받아도 그 열매를 얻지는 못하는 것입니다.

토마스 아퀴나스 성인은 『신학대전』에서 이러한 가르침을 자세히 설명하면서 성사 자체와 그 효과를 명확히 구분합니다. "개인은person 자신의 조건에 따라 성사의 효과를 받는다."⁴¹ 그리고 다음 사실을 강조합니다. "믿음과 사랑을 통해 성사에 결합된 자들에게만 성사의 효과는 발휘된다."⁴² 이어서 성인은 성체성사를 그리스도의 수난에 비유합니다.

> 그리스도의 수난이 응당 그리스도를 믿어야 하는 대로 믿지 않는 이들에게는 아무런 효력을 발휘하지 않듯이, 그분을 합당하지 않게 받는 이들은 이 성사를 통해 천국을 얻지 못한다. 그러므로 아우구스티노는 이렇게 썼다. "성사와 성사의 효능은 별개이다. 많은 이가 제대에서 성체를 받는다. 그리고 성체를 받았음에도 죽어 있다. 그러므로 천상의 빵을 먹고, 제대로 순결을 가져가라." 그러므로 순수한 마음을 지니지 못한 사람들이 성사의 효력을 얻지 못하는 것은 전혀 놀라운 일이 아니다.⁴³

사도 바오로는 한 걸음 더 나아가 경고합니다. 영성체 때의 태도가 옳지 않다면 성사의 좋은 열매를 얻지 못할 뿐만 아니라 오히려 영적으로 해를 입을 수 있음을 강조합니다.

> 부당하게 주님의 빵을 먹거나 그분의 잔을 마시는 자는 주님

의 몸과 피에 죄를 짓게 됩니다. 그러니 각 사람은 자신을 돌이켜보고 나서 이 빵을 먹고 이 잔을 마셔야 합니다. 주님의 몸을 분별없이 먹고 마시는 자는 자신에 대한 심판을 먹고 마시는 것입니다.

1코린 11,27-29

합당하지 않은 영성체의 위험에 대해 성 요한 크리소스토모는 더 직설적이고 구체적으로 이야기합니다.

누구도 더럽고 부패한 양심을 지닌 채 이 신성한 식탁에 다가오지 말 것을 간청하고 애원하고 사정합니다. 사실 그러한 행동은 '친교'라고 할 수 없습니다. 심지어 주님의 몸을 천 번 넘게 만진다 해도 소용없습니다. 그것은 오히려 '유죄 판결'이며 '고문'이고 '형벌의 가중'입니다.[44]

이러한 경고는 트리엔트 공의회에서도 크게 반영되어 다음과 같이 선언했습니다.

바로 그 창조주이자 거룩함의 근원이신 분을 담고 있는 것을 신자가 거룩하지 않거나 종교적이지 않게 사용하는 것보다 하느님께로부터 무거운 형벌을 받게 될 범죄는 없다.

De Euch., v.i.

오랜 세월 동안 나는 영성체 때마다 모두 똑같다고 생각했습니다. 그러나 실제로는 영성체 때마다 매우 다를 수 있습니다. 성체를 영하기 전과 하는 도중, 하고 나서의 영적 상태와 자세가 내 안에 성체성사의 열매를 얼마나 맺을지, 아무 효과도 발휘하지 못할지, 아니면 오히려 나를 단죄하는 것으로 끝나고 말지를 결정합니다.

역사적으로 이러한 인식은 때로 스스로가 성체성사 참여에 합당한가를 두고 지나친 염려와 걱정을 초래하기도 했습니다. 그래서 어떤 이들은 두려움이나 자기 의심 또는 지나친 세심증 때문에 타당한 이유도 없이 영성체를 하지 않으려 들기도 했습니다.

물론 그렇게 영성체를 거부하는 것을 하느님은 원치 않으십니다. 그리스도는 우리가 당신을 받아 모시기를 원하십니다. 바로 그렇기 때문에 그리스도께서는 다락방에서 있었던 마지막 만찬 때 그토록 극적으로 이 성사를 제정하셨습니다. 그리고 우리가 언제나 합당하게 그분을 받아들일 수 있도록 부활하신 일요일에 바로 그 다락방에서 화해의 성사를 제정하셨습니다(요한 20,19-23 참조). 이것이 바로 우리가 중한 죄를 지었음을 의식한다면 성체성사에서 성체를 모시기 전에 고해성사를 통해 그분을 먼저 만나야 한다고 교회에서 가르치는 이유입니다(『가톨릭 교회 교리서』, 1385항 참조). 비참한 우리가 고해성사에서 자비로운 그분을 만나 은총으로 회복되고, 그리하여 성체성사를 통하여 더욱 합당하게 그분과의 친교 안으로 들어갈 수 있습니다.

사도 바오로는 합당하게 성체를 받아야 한다고 경고했지만, 성체를 받지 말아야 한다는 뜻은 아니었습니다. 사도의 경고는 우리가 성체를 받을 때 정말로 '그리스도의 몸을 알아차리도록' 스스로를 성찰하라는 권고였습니다.

'그리스도의 몸을 알아차리는 것'은 무슨 뜻일까요? 토마스 아퀴나스 성인은 성체를 "다른 음식과 구별하는 것"[45]이라고 설명합니다. 다시 말해, 그것은 그리스도께서 참으로 성체에 현존하심을 인식한다는 뜻입니다. 우리는 이 '빵'을 다른 음식처럼 건성으로 무심하게 먹어서는 안 되고, 지극한 공경과 감사로 하느님을 우리 안으로 받아들이는 이 엄청난 만찬에 합당하도록 자기 자신을 준비해야 합니다.

아우구스티노 성인 또한 이러한 권고를 반영하여 영성체는 하느님께 드리는 경배 행위가 되어야 한다고 강조합니다. 그렇다고 해서 성체를 받아 모시기를 두려워해야 한다는 뜻은 아닙니다. 오히려 성체를 받아 모시기를 권고할 뿐 아니라 매일 영성체할 것을 강력히 권장했습니다.

> 누구도 그리스도의 몸을 경배하기 전에 먹게 해서는 안 된다.[46]
> 이는 우리의 일용할 빵이다. 자신에게 이롭도록 이 빵을 매일
> 먹어라.[47]

그러므로 영성체를 두려워해서는 안 됩니다. 다만 성체를 받되 잘 받아야 합니다. 미사에서 성체성사 전에 사제가 외는 기도문 중 하나는 영성체가 좋은 효력이나 나쁜 효력을 발휘할 수 있다는 사실에 대한 인식을 잘 드러내고, 우리가 성체를 받을 때 취할 태도의 모범을 제시합니다. 이 기도문에는 주님이신 예수 그리스도와 그분의 사랑과 자비, 그리고 성체 안에 계시는 그분의 실제 현존에 대한 믿음을 인격적으로 고백하는 내용도 포함되어 있습니다. 그리고 이제 이러한 믿음의 정신으로 성체를 영하게 될 것이니 성체는 심판이 아니라 건강을 가져오게 해 주시기를 바라는 청원도 담겨 있습니다.

> 주 예수 그리스도님, 주님의 몸과 피를 받아 모심이 제게 심판과 책벌이 되지 않게 하시고 제 영혼과 육신을 자비로이 낫게 하시며 지켜 주소서.

'내가 무엇을 받느냐는 그것을 내가 어떻게 받느냐에 달려 있다.'는 것은 부정적인 사실이 아니라 오히려 매우 신나는 사실입니다. 이것이 의미하는 바는 영성체 때마다 더 완전하고 인격적이며 유익한 방식으로 하느님과의 친교 안으로 들어갈 수 있다는 것입니다. 또한 매번 영성체를 잘 준비할수록 실제로 '정신과 육체의 건강'을 받을 수 있다는 것이기도 합니다.

영성체 때마다 가장 중요한 할 일은 하느님이 누구신지를 인식하고, 내가 그러한 선물을 받기에 합당하지 못한 존재임을 인정하며, 나를 향한 하느님의 자비로운 사랑을 신뢰하면서 그분과의 친교 안으로 들어가도록 마음을 준비하는 것입니다. 그래서 교회가 오랜 세월 반복해 온 백인대장의 고백과 청원(마태 8,8 참조)을 나도 따라 합니다.

주님, 제 안에 주님을 모시기에 합당치 않사오나 한 말씀만 하소서, 제가 곧 나으리이다.

일곱 번째 비밀

한계가 없습니다

성체를 영하는 방식은 이중적이다. 한편으로는 영적이고 다른 한편으로는 성사적이다.[48]

성 토마스 아퀴나스

성체를 영하는 횟수에 제한은 없을까요? 나는 이 일곱 번째 비밀을 매우 좋아합니다. 처음에는 그릇된 것처럼 보이지만, 한 번 이해하고 나면 놀라운 진리를 강조하고 있음을 알게 되니까요. 이야기를 나누다가 이 비밀을 밝힐 때면 대부분 잠깐 멈추어서 주위 사람들의 반응을 살펴봅니다. 사람들은 이상하다는 표정을 짓고 있습니다. 어떤 이들은 고개를 흔들기까지 합니다. 그들은 마치 이렇게 말하는 듯합니다. "그렇지 않아요! 특수한 경우를 제외하고 영성체는 하루에 두 번만 할 수 있다고요."[49]

아마 지금 독자 여러분도 같은 생각을 하고 있을 겁니다. 하지만 조금만 참고 계속 글을 읽어 주시길 바랍니다. 그러면 분명히 이해가 될 것입니다. 다시 말하지만, 여기서 주목할 부분은 '받다'라는 동사입니다.

잠시 되짚어 보겠습니다. 앞의 두 장에서는 결국 여러분과 내가 영성체 때마다 두 가지 방식 중 하나를 선택하게 된다는 데까지 이르렀습니다. 그리스도께서 당신과의(성부와 성령과 더불어) 유일한 인격적 만남으로 우리를 부르고 계신다는 것을 알아차림으로써 우리는 정성을 다해 우리 자신을 준비할 수 있습니다. 그리스도와의 합일에 방해가 되는 모든 것들을 없애려고 노력하고 그분과의 친교에 들어가기를 추구하는 것입니다. 그렇지 않으면 앞 장에서 본 '그릇된 사람'의 예처럼, 우리는 마음속에 이 합일을 정말로 갈망하지도 않고 장애물을 제거하려고도 하지 않으면서 그리스도를 받을 수도 있습니다. 이를 가리켜 토마스 아퀴나스 성인은 『신학대전』에서 두 종류의 먹기, 즉 성사적인 먹기와 영적인 먹기라고 불렀습니다.

성사적인 먹기는 우리가 적어도 이 성사를 어느 정도 이해하고 영성체하고자 의도를 가지고 성체를 받아 먹을 때입니다. 영적인 먹기는 성사적인 먹기에 그리스도와의 합일을 간절히 바라는 마음이 더해졌을 때입니다. 이때는 성체를 받아 먹을 뿐 아니라 성사의 효력도 받게 되어 믿음과 사랑으로 그리스도께 영적으로 결합하게 됩니다.[50]

이것은 여러분과 내가 영성체 때마다 마주하게 되는 선택의 문제입니다. 우리는 단지 성사적으로만 성체를 받을 수 있습니다. 습관에 따라 움직이는 동물처럼 기계적으로 일어나 아무 생각 없이 제대 앞으로 걸어 나가 로봇처럼 설정된 프로그램에 따라 성체를 받아 먹는 것도 가능합니다. 그렇지 않고 우리는 그리스도의 신성한 몸과 피를 육적으로 받아 먹으면서 영적으로도 받아 먹을 수 있습니다. 그리스도께 드리는 경외의 마음을 지니고 이 놀라운 선물에 감사드리며 하느님과 하나로 결합되기를 간절히 바라는 것입니다.

물론 이 둘은 양극단이라는 것이 확실합니다. 둘 사이에는 매우 다양한 중간적 태도들이 있습니다. 토마스 아퀴나스 성인에 따르면, 순전히 성사적으로만 성체를 받아 먹는 것과 완벽하게 영적으로 받아 먹는 것은 마치 배아와 성인만큼 확연히 대조됩니다.[5]

어머니 배 속에 잉태되는 순간부터 우리는 계속해서 성장의 과정을 거칩니다. 그리고 성장의 여러 단계를 지나 육체적, 정신적, 감정적, 영적 성숙의 상태에 이릅니다. 우리의 영성체 또한 그러합니다. 앞 장에서 보았듯이 우리의 목표는 영성체하는 방식에서 성장하는 것입니다. 그리스도와 합일에 대한 인식과 이해와 갈망이 성숙해져, 모든 성사적 영성체가 더욱 완전한 영적 영성체*가 되도록 해야 합니다.

---

* spiritual Communion, 보통 신령성체神領聖體라고 한다. – 옮긴이 주

여기까지 이해가 잘 되었나요? 그럼 조금 더 깊이 들어가 보겠습니다.

토마스 아퀴나스 성인은 더 나아가 우리가 성사적인 영성체를 하지 못할 때에도 이 완전한 영적 영성체가 가능하다고 설명합니다. "성사를 갈망으로 받는다면 성사의 효력이 보장되기"[52] 때문입니다. 그리고 어떤 이들은 "성사적으로 먹기 전에 영적으로 이 성사를 취합니다." 그리고 "실제 성사를 받고자 하는 갈망"을 통해 "성사적으로는 아니지만, 영적으로 성체를 받습니다." 이 말은 무슨 뜻일까요?

우리가 실제로 성체성사를 받을 수 있을 때는 물론이고, 그렇지 못할 때도 우리는 성사에 대한 우리의 갈망을 통하여 영적으로 성체를 영함으로써 성체성사 안에서 우리의 마음을 예수님의 마음에 하나로 결합할 수 있다는 말입니다. 이것이 바로 성체성사의 일곱 번째 비밀로 표현되는 사실입니다. 그렇습니다, 여러분과 내가 성사적으로 영성체할 수 있는 횟수에는 제한이 있지만, 영적으로 영성체할 수 있는 횟수에는 제한이 없습니다.

몇 년 전에 이런 성인의 글을 읽었다면 별다른 인상이 남지 않았을 것입니다. 다른 신자들처럼 나 또한 영적 영성체에 대해 들어 본 적은 있었지만, 일종의 '위로상'이라고 생각했습니다. 이런저런 이유로 영성체를 못할 경우에 적어도 기도를 통해서 그리스도와 하나로 결합될 수 있다는 말이었으니까요. 여기에 어떤 가치가 있는 것은 분명해 보였지만, '적어도'라는 말이 붙었다는 것은 이것이 진짜 영성체가 아님을 드러내는 것 같았습니다.

그러나 성체성사와 진짜 영성체에 대해서 더 많이 배우게 될수록 나는 영적 영성체가 성사적 영성체의 대체물이 아니라 영성체의 열매를 실제로 기대하고 연장하는 것임을 이해하게 되었습니다.

성인들은 우리에게 이에 대한 놀라운 모범을 제공합니다. 프란치스코 살레시오 성인은 하루의 모든 일을 미사 때 영성체에 연결시킬 수 있도록 적어도 15분마다 영적 영성체를 하기로 다짐했습니다.[53]

막시밀리아노 콜베 성인은 미사 때 직접 하는 영성체에 더하여 성체를 하루에 열 번 이상 자주 방문했습니다. 하지만 이것만으로 충분하지 않아서 살레시오 성인처럼 '적어도 15분에 한 번' 영적 영성체를 하기로 다짐했습니다.[54]

콜베 성인은 우리가 이미 토마스 아퀴나스 성인에게서 보았던 것을 강조했습니다. 성체성사의 은총들은 우리의 영적 조건, 하느님과 하나로 결합하려는 갈망에 따라 받게 된다는 것입니다. 하느님께서는 늘 그분과 합일을 바라는 우리의 갈망을 존중해 주시므로 이러한 은총이 성사적 영성체에만 한정되는 것은 절대 아닙니다. 콜베 성인은 "때로는 영적 영성체가 성사적 영성체와 똑같은 은총들을 가져온다."[55]라고 설명했습니다.

이것이 정말 사실이라면 우리가 성사적 영성체를 반드시 해야 하는 이유는 무엇일까요?

콜베 성인이 성사적 영성체 '대신에'라고 말하지 않고 성사적 영성체에 '더하여'라고 말하고 있기 때문입니다. 위에서 보았듯이 참된 영적 영성체는 늘 성사적 영성체를 기대하는 것이거나 연장하는 것입니다. 이상적으로는, 그 두 가지 모두입니다.

그리스도께서는 우리가 성사적으로 당신을 받아 모시기를 원한다는 점을 명백히 밝히셨습니다. 그분은 '너희 마음을 나의 마음과 결합하지 않으면 너희 안에 생명이 없으리라.'고 말씀하시지 않고, "너희가 사람의 아들의 살을 먹지 않고 그의 피를 마시지 않으면, 너희는 생명을 얻지 못한다."(요한 6,53)라고 말씀하셨습니다.

그리스도께서는 '너희가 나와의 친교를 갈망하면 영원한 생명을 얻을 것이다.'라고 말씀하시지 않고, "내 살을 먹고 내 피를 마시는 사람은 영원한 생명을 얻는다."(요한 6,54)라고 말씀하셨습니다.

또한 그리스도께서는 '내가 너희 마음에 들어온다고 상상하는 사람은 내 안에 머무르고 나도 그 사람 안에 머무른다.'라고 말씀하시지 않고, "내 살을 먹고 내 피를 마시는 사람은 내 안에 머무르고, 나도 그 사람 안에 머무른다."(요한 6,56)라고 말씀하셨습니다.

그러므로 규칙적으로 하는 성사적 영성체를 대체할 수 있는 것은 아무것도 없습니다. 영적 영성체가 언제나 추구해야 할 목적은 성사적 영성체입니다. 토마스 아퀴나스 성인의 설명대로, 영적 영성체는 단순히 하느님께 가까이 다가가고 싶어 하는 갈망이 아닙니다. 영적 영성체가 이루어지는 때는 '이 성사를 받고자 하는 갈망으로 그리스도를 믿을'[56] 때입니다.

하느님과 하나로 결합하고 싶은 갈망은 은총을 가져올 것입니다. 그러나 성체성사의 특별한 은총을 받으려면 이 갈망에 성체를 받아 모시고 그리하여 성체성사에 현존하시는 그리스도와 하나로 결합되려는 구체적인 의도가 담겨 있어야 합니다.

이 구체적인 의도와 완전히 순수한 마음이 있다면 영적 영성체는 정말로 '성사적 영성체와 똑같은 은총을' 가져올 수 있습니다. 그러나 이 은총은 모두 성사에서 흘러나오고, 똑같이 순수한 마음으로 성사를 받으면 훨씬 더 완전한 방식으로 받게 됩니다.

토마스 아퀴나스 성인은 이를 매우 구체적으로 가르칩니다.

> 성체를 갈망하는 것보다 실제로 받는 것이 더욱 완전히 효과를 발휘한다.[57]

성체를 갈망하는 것만으로도 은총을 받고 그 은총에 의해 영적으로 살아 있게 된다. (그러나) 성체 자체를 실제로 받았을 때는 은총이 늘고 영의 생명도 하느님과 합일에 의해 완벽해지고 완전해진다.[58]

'하느님과 합일.' 이것이 바로 성체성사에 관한 모든 것입니다. 성사적 영성체는 우리를 하느님과 합일로 이끌고, 영적 영성체는 우리가 그 안에 머무르도록 도와줍니다. 이런 식으로 이해한다면 영적 영성체에는 엄청난 가치가 있습니다.

시에나의 성녀 가타리나는 그리스도께서 친히 영적 영성체의 위대한 가치를 가르쳐 주신 환시를 보고 기록했습니다. 성녀는 성사적 영성체와 비교하여 영적 영성체가 진정한 가치를 지니는지 의문이 들었습니다. 그런데 갑자기 두 개의 성작을 들고 계신 그리스도의 모습을 보게 된 것입니다.

이 금잔에 나는 너의 성사적 영성체들을 담는다. 이 은잔에는 너의 영적 영성체들을 담는다. 두 잔 모두가 내게는 큰 기쁨이 된다.[59]

성체성사에 관한 두 명의 현대 성인인 오상의 비오 신부와 성녀 파우스티나는 매일 미사에서 하는 성사적 영성체로부터 흘러나와 그 효력이 연장되는 영적 영성체가 중단 없이 계속 이어지는 상태에 도달했던 것으로 보입니다.

성체성사에서 예수님의 자비로운 성심에 대한 신심을 통해 성녀 파우스티나는 하느님과 끊어짐 없는 관계에 들어갈 수 있었습니다. 이 관계는 삼위의 일치 속에서 예수님과 순간에서 순간으로, 마음에서 마음으로 나누는 인격적인 대화였습니다.

> 예수님, 황송하게도 성부와 성령과 함께 제 마음의 작은 천국에 머무시는 당신께서 거룩한 영성체를 통해 저에게 오실 때, 저는 당신과 하루 종일 함께하고자 애를 씁니다. 저는 단 한 순간이라도 당신을 홀로 두지 않겠습니다.
>
> 「일기」, 486

성녀가 세상을 떠나기 거의 1년 전이던 1937년 9월 29일에 쓴 일기는 성사적 영성체의 효력을 연장한다는 점에서 영적 영성체가 지닌 큰 가치에 대한 강력한 증거입니다.

> 거룩한 영성체가 다음 영성체까지 내 안에 남아 있음을 알게 되었다. 명확하게 느껴지는, 생생한 하느님의 현존이 나의 영혼

안에서 계속된다. … 내 마음은 살아 계신 성체가 보관되어 있는 살아 있는 감실이다. 나는 나 자신의 내면이 아닌, 멀리 떨어진 곳에서 하느님을 찾으려 한 적이 없다. 내가 하느님과 친교하는 곳은 내 존재의 심연이다.

「일기」, 1302

오상의 비오 신부는 자신이 이런 삶을 살았던 것은 물론, 다른 이들에게 지시해 주기도 했습니다.

> 하루 동안, … 일에 몰두해 있는 중에도 예수님께 청하라. 예수님이 오셔서 그분의 은총과 거룩한 사랑으로 그대의 영혼과 결합하여 머무르실 것이다.
> 실제로 감실 앞에 설 수 없을 때는 그대의 영으로 감실 앞으로 날아가 그대 영혼의 타오르는 갈망들을 쏟아 내고, 영혼들의 사랑인 그분을 껴안아라. 성사적으로 그분을 받을 수 있었을 때보다 더욱더.[60]

'성사적으로 그분을 받을 수 있었을 때보다 더욱더.' 이 구절이 내 안에서 계속 맴돕니다. 내가 목격한 몇 가지 개인적인 상황들, 나에게 격려가 되었지만 한편으로는 성체성사를 당연한 것으로 여겼던 시간들을 부끄럽게 하는 상황들을 떠오르게 하기 때문입니다.

특히 깊은 회심을 체험하고 있던 한 젊은 여자분이 기억납니다. 그녀는 중독으로 인한 문제와 씨름하면서 하느님께 완전하게 응답하기를 갈망하고 있었습니다. 영적으로 승리하는 시간들이 있는가 하면 나약해지는 순간들이 찾아왔고, 하느님이 자신을 정말로 사랑하실까 하는 의심이 들기도 했습니다. 새 삶을 시작하길 간절히 원했지만, 옛 삶의 덫에서 빠져나올 수 없는 것처럼 느껴졌습니다. 죄를 짓는 습관과 자신이 부족한 존재라는 느낌이 발목을 잡았습니다.

그녀는 고해성사를 두려워하는 마음을 극복하고자 자신이 편하게 이야기를 나눌 수 있다고 생각되는 한 사제와 면담을 하기로 했습니다. 두 사람의 일정에 맞추어 면담은 몇 주에 한 번씩 이루어졌습니다.

그녀는 매일 아침 미사에 참석했지만, 영성체는 하지 않았습니다. 내가 영성체한 뒤 신자석으로 돌아올 때면, 그녀가 조용히 무릎을 꿇고 눈물을 흘리고 있는 모습을 볼 수 있었습니다.

하루는 미사가 끝난 뒤에도 여전히 울고 있는 그녀를 보고 내가 다가가서 어깨에 손을 얹고 위로했습니다. 그러자 그녀가 나를 돌아보며 눈물을 흘리면서 이렇게 말했습니다. "그분을 받아 모실 수 없어서 너무나 슬퍼요."

나는 그녀도 그분을 받아 모실 수 있다고 말해 주었습니다. 과거에 대한 통회, 고해성사를 받겠다는 결심, 죄를 짓지 않겠다는 다짐, 그리고 마음 깊은 곳의 갈망을 통해 이미 그분이 오셨다고 말입니다. 아직 성사적 영성체는 할 수 없지만, 성체를 받고 싶다는 갈망을 통해 이미 성체성사의 은총을 받고 있으며, 은총의 새 삶이 시작되었습니다. 그리고 이 삶은 성사적 영성체를 할 수 있게 되었을 때 완전해질 것입니다.

매일 미사에서 영성체 시간이 되면 그녀는 여전히 눈물을 흘렸지만, 이제는 슬픔과 함께 기쁨도 섞인 눈물이었습니다. 그리고 마침내 직접 성체성사에서 영성체할 수 있게 되었을 때는 기쁨으로 환하게 빛났습니다. 나 또한 눈물을 흘렸습니다. 그녀의 모습에 감동을 받았을 뿐 아니라 이 선물의 소중함을 제대로 알지 못한 채 건성으로 성체를 받았던 시간이 후회스러웠기 때문입니다.

또 다른 중년 남자의 상황도 비슷했습니다. 그는 여러 해 동안 성당에 나가지 않았습니다. 결혼도 하긴 했었는데, 결혼 또한 하나의 성사라는 사실을 제대로 인식하지 못했고, 결국은 이혼한 뒤 교회 밖에서 재혼했습니다. 몇 해 뒤 그는 어느 성모 발현지에 별 생각 없이 방문했다가 강력한 회심을 경험하고 가톨릭 교회로 돌아왔습니다. 가톨릭 신앙을 배우고, 삶으로 살며, 다시 성사를 받기를 진정으로 갈망하게 된 것입니다(성모님은 언제나 우리를 성체성사로 이끄십니다).

그를 만나게 된 것은 매일 미사에 참석하고 있을 때였습니다. 그는 성체를 받고 싶었지만 교회 가르침에 순종하여 삼가고 있었습니다. 혼인 무효 소송을 제기했지만 아직 판결이 나오지 않았기 때문입니다.

혼인 무효 선언이 나오기까지 4년이 걸렸습니다. 4년 동안 그는 매일 아침 미사에 참석해 다른 이들이 성사적으로 영성체하는 모습을 지켜보면서 영적 영성체를 하고자 노력했습니다. 그와 함께 미사에 참석할 때면 나는 그의 믿음과 순종에 겸손해지고 성체성사에 대한 그의 신심에 고무되었습니다. 나 또한 성체성사를 당연한 것으로 여겼던 시간들을 다시 뉘우쳤습니다. 그리고 실제로 성사적 영성체를 할 수 있던 우리 중 많은 이들보다 그가 성사에서 더 많은 은총을 얻고 있으리라는 것을 알게 되었습니다.

혼인 무효 선언이 공지된 날, 그는 마치 아이스크림을 기다리는 어린아이 같았습니다. 기쁨에 들떠서 그가 말했습니다. "이제 마침내 나도 그분을 다시 받아 모시게 되었습니다!"

나는 그가 부러울 지경이었습니다. 하지만 우리 모두 똑같은 기쁨을 매일 누릴 수 있음을 곧 깨달았습니다. 더욱이 우리가 정말로 미사에서 영성체할 때만이 아니라 성체성사에 현존하시는 그리스도와 우리 자신을 하나로 결합하기로 하는 때면 언제나 그 기쁨을 누릴 수가 있는 것입니다.

그럼 우리는 어떻게 시작해야 할까요? 우선 미사에 참석해 성사적 영성체를 할 수 없을 때는 언제나 영적 영성체를 하기로 결심할 수 있습니다. 여러 해 동안 많은 이들이 알폰소 성인의 훌륭한 기도문을 사용해 왔습니다.

> 나의 예수님, 나는 당신께서 가장 거룩한 성체 안에 현존하심을 믿나이다. 당신을 모든 것보다 사랑하오며, 당신을 나의 영혼 안에 소유하기를 원하나이다. 지금 성사적으로 당신을 받아모실 수 없사오니, 영적으로 나의 마음 안으로 오소서. 당신께서 내 안에 이미 계신 듯이 나는 당신을 포옹하오며, 나 자신을 온전히 당신께 하나로 결합하나이다. 내가 당신께로부터 떨어져 나가는 일이 결코 없도록 하여 주소서.[61]

대사를 관장하는 교황청 내사원에서 인준한 전통 기도문을 사용하기도 합니다.

예수님, 거룩한 감실을 향하오니 그곳에는 당신께서 나를 사랑하시어 감추어진 채 살아 계십니다. 나의 하느님, 당신을 사랑합니다. 나는 거룩한 영성체로 당신을 받아 모실 수 없습니다. 그렇지만 오셔서 저를 찾으시고 당신 은총을 주소서. 영적으로 내 마음 안으로 들어오소서. 내 마음을 정화시켜 주소서. 성화시켜 주소서. 당신 마음을 닮게 하여 주소서.[62]

주님, 제 안에 주님을 모시기에 합당치 않사오나 한 말씀만 하소서. 제 영혼이 곧 나으리이다.[63]

이 밖에도 적절한 다른 기도문을 사용할 수 있고, 아니면 자신만의 기도문을 만들 수도 있습니다. 우리는 언제든 말이나 정신적 이미지, 혹은 단순하게 리지외의 성녀 데레사가 '마음의 약동'[64]이라고 부른 것*을 통해서 어떤 방식으로도 성체에 현존하는 그리스도와 하나로 결합될 수 있습니다. 개인적으로 가장 도움이 된 것은 나 자신이 단 한 순간이라도 내 마음속으로 물러나 그곳에서 하느님을 만난다고 상상하는 것입니다. 때로는 전

---

* 리지외의 성녀 데레사는 「자서전 유고」에서 "저에게 기도는 마음의 약동이며, 하늘을 바라보는 단순한 눈길이고, 기쁠 때와 마찬가지로 시련을 겪을 때에도 부르짖는 감사와 사랑의 외침입니다."라고 썼는데, 「가톨릭 교회 교리서」 2558항에 인용되어 있다. – 옮긴이 주

혀 말을 하지 않기도 합니다. 다만 성체나 십자가에서 예수 그리스도의 성심으로부터 자비의 빛줄기들이 내 마음으로 쏟아져 들어오는 상상을 합니다. 때로는 그 빛줄기들이 성체에 현존하시는 예수 성심을 통하여 나를 천국으로 끌어 올리는 모습을 떠올리려고도 합니다. 아니면 성모님이 엘리사벳을 방문하셨듯이 나를 찾아오시어 아드님을 나의 마음으로 이끌고 오시는 상상을 합니다. 어떤 말이 떠오르면 단순하고 자연스레 표현하려고 합니다.

주 예수님, 내 마음으로 오소서. … 나를 치유해 주소서. … 예수님, 자비를 베푸소서. … 예수님, 나의 마음을 당신 마음과 같게 하소서. … 예수님, 나는 당신을 신뢰하나이다. … 성모님, 내 마음을 당신 마음과 예수님 마음에 하나로 결합하여 주소서.

성체성사의 첫 번째 비밀을 이야기하면서 언급했던 장면이 종종 떠오르기도 합니다. 평화의 천사가 파티마의 세 어린이에게 성체를 가져다주고 하느님을 어떻게 흠숭해야 하는지 가르쳐 주던 그 장면입니다. 나는 공중에 떠 있는 성작과 성체를 보려 하고, 천사와 함께 땅바닥에 엎드려 절하며 기도합니다.

나의 하느님, 나는 당신을 믿고, 흠숭하고, 희망하고, 사랑하나

이다. 당신을 믿지 않고, 흠숭하지 않고, 희망하지 않고, 사랑하지 않는 모든 이를 용서하여 주소서.65

어떤 방식이든 자기에게 잘 맞는 방식으로 이러한 상상을 시도해 보기를 권합니다. 어느 때는 성체 앞에 15분에서 20분 정도 있을 수도 있고, 또 어느 때는 일과 중에 짧은 순간이 될 수도 있습니다. 자주 하는 것이 오래 하는 것보다 훨씬 더 중요합니다. 영적 영성체를 하면 할수록 하느님과 하나로 결합하는 일이 습관이 되고 자연스러운 본능이 되기 때문입니다. 영적 성장을 위해 이보다 더 좋은 방법은 없습니다. 포르토 마우리치오의 레오나르도 성인은 이렇게 설명합니다.

하루에 몇 차례 영적 영성체를 행한다면, 한 달 안에 마음이 완전히 바뀐 것을 보게 될 것이다.66

여러분도 매 순간이 영적 영성체를 할 수 있는 기회가 될 수 있음을 깨닫게 될 것입니다. 분심, 유혹, 걱정, 지체, 과업의 시작이나 끝, 이 모든 것이 하느님과의 관계를 새롭게 할 필요가 있음을 상기시키는 계기가 될 수 있습니다. 잠시나마 일상에서 물러나 마음속 깊은 곳에서 하느님과 만나는 것입니다. 그리고 영적으로 메마른 시기에는 아르스의 본당 신부였던 요한 비안네 성인의 지침을 따를 수 있습니다.

> 영적 영성체는 꺼져 가는 잉걸불에 불어넣는 바람처럼 영혼에 작용한다. 하느님에 대한 사랑이 식어 간다고 느껴질 때면 재빨리 영적 영성체를 해야 한다.[67]

'재빨리!' 절박함이 드러납니다. 성인들은 성체성사에 현존하시는 그리스도와 하나 되는 결합을 일주일에 한 번이나 하루에 한 번 하는 성사적 영성체만으로 제한해서는 안 된다고 우리에게 말하고 있습니다. 영혼의 양식을 먹고 죄를 멀리하려면 그리스도의 살아 계신 현존이 삶의 순간순간 필요합니다. 그래서 우리는 규칙적으로, 특히 우리가 길을 잃고 헤맨다는 느낌이 들 때면 그분과 새로이 하나로 결합되어야 합니다.

그리스도는 미사 중 성체성사 안에만 현존하시는 것이 아닙니다! 성체성사는 우리와 함께 머무르시겠다는 그리스도의 복음의 약속이 계속해서 실현되는 것입니다.

> 보라, 내가 세상 끝 날까지 언제나 너희와 함께 있겠다.
>
> 마태 28,20

우리는 하느님과 중단되지 않는 관계를 맺도록 제각기 불림을 받았으며, 그리스도께서는 성체성사 안에서 우리와 함께 머무르시며 이 관계를 가능하게 하십니다. 성체성사의 목적은 우리를 변모시키고 신성하게 만들어 우리가 그리스도처럼 되고 계속해서 그분과 하나로 결합되게 하는 것입니다.

영성체할 때마다 우리는 하느님의 은총으로 더욱더 변모하여 그리스도가 살아 계신 방식을 실제로 공유하게 될 수 있습니다. 그리고 영적 영성체를 자주 행함으로써 우리는 다음에 성사적 영성체를 할 수 있을 때까지 이 과정을 지속합니다.

그분의 자녀들과 이렇게 하나로 결합되는 것은 하느님께서 간절히 바라시는 일입니다. 하지만 하느님은 우리에게 그것을 강제하지 않으시고, 우리가 하느님께 청하기를 기다리십니다. 영적 영성체는 우리가 하느님께서 원하시는 바를 행하시도록 초대할 때 이루어집니다. 하느님께서는 천국의 모든 존재와 함께 우리 마음으로 들어오시고 우리를 너울 너머로 들어 올리시어 영원한 그분 사랑 안으로 이끌기를 바라십니다.

파우스티나 성녀의 기도를 통해 우리 모두 매일 영적 영성체를 실천할 수 있다면 얼마나 멋진 일이겠습니까.

성체 속에 감추어진 예수님, 나의 다정한 주인이시며 충실한 친구이신 분, 늘 나와 함께하는 이런 친구를 가졌으니 내 영혼은 얼마나 행복한지 모르겠나이다. … 당신이 머무실 거처가 되니 나는 얼마나 행복한지요, 주님! 내 마음은 당신이 늘 거하시는 성전이나이다.

「일기」, 877; 1392

맺음말

할 신부님의 기개

내 마음에서 가져가실 수 있는 만큼 많은 보물들을 가져가소서.

성녀 파우스티나의 「일기」, 294

마지막 장까지 이 책을 읽고 나서 그것으로 끝이라고 여기지 않았으면 좋겠습니다. 이제 우리는 겨우 시작점에 있는 것이니까요.

머리말에서 참된 성체성사의 소중한 보석들을 찾아 나선 것 같은 느낌을 말했습니다. 그중 일곱 개의 보석만 여러분과 나누었을 뿐입니다. 콘퍼런스에 나가거나 본당에서 특강을 할 때면 몇 가지 다른 보석들을 이야기하기도 합니다. 어쩌면 여기서 언급하지 않은 보석들에 대해 다시 책을 쓰게 될지도 모르겠습니다. 하지만 그 책 또한 여전히 시작일 뿐이라는 것은 다르지 않습니다. 성체성사의 신비들을 탐구하는 일은 바닥이 없는 보물상자를 발견한 것과 같습니다. 보물을 하나씩 꺼낼 때마다 그 아래에는 또 다른 보물이 숨겨져 있다는 것이 드러날 뿐, 아무리

많은 보물을 찾아내도 언제나 그보다 더 많은 보물이 남아 있습니다.

뉴올리언스 출신의 멋진 예수회원인 해럴드 코헨 신부는 '더'more라는 단어에 관한 짤막하지만 멋진 이야기를 들려주곤 했습니다. 진짜 미국 남부 토박이인 코헨 신부는 어린 시절 자신의 기개를 사랑했습니다. 부모님의 말씀을 들어 보면 어린아이였던 그가 처음 했던 말은 엄마나 아빠가 아니라 '더'more였다고 합니다. 코헨 신부가 더 원했던 것은 바로 기개였습니다.

나중에 사제로 살게 되면서 이 단어는 그에게 영적인 의미를 갖게 되었습니다. 해럴드 신부는 하느님께는 늘 더 줄 것이 있으시고, 늘 더 주기를 원하신다는 것을 깨달았던 것입니다. 한때 기개를 열렬히 바랐던 해럴드 신부는 이제 은총을 열렬히 바라게 되었으며, "더 주십시오, 주님, 더."라는 기도를 자주 되뇌었습니다. 그는 성인들 중에서도 성녀 파우스티나를 좋아했고 성녀의 일기에서 자신이 '보석 모아들이기'라고 불렀던 부분을 즐겨 인용했습니다.

성녀 파우스티나는 자신이 보았던 예수 그리스도의 환시들 가운데 하나를 묘사하면서 이렇게 썼습니다.

값진 진주와 다이아몬드가 그분의 성심에 난 상처에서 쏟아져 나오고 있었다. 아주 많은 영혼들이 이 선물을 모아들이는 것이 보였다. 예수님의 성심 아주 가까이에 한 영혼이 있었는데, 그녀는 이 선물의 위대함을 알고 자기뿐 아니라 다른 사람들을 위해서도 넉넉하게 모아들이고 있었다. 구세주께서 나에게 말씀하셨다. 보아라, 은총의 보물이 영혼들 위에 쏟아져 내리고 있지만 모두가 나의 관대함을 제대로 이용할 줄 아는 것은 아니다.

「일기」, 1687

   나는 이 성체성사의 일곱 가지 비밀을 통해 여러분들이 더 많은 성사의 보석을 원하게 되어 커다란 흥분과 기대를 안고 스스로 보물을 찾아 나서기를 기도합니다.
   이 책 외에도 참고할 수 있는 자료들이 있습니다. 책 뒤에 실린 '출처 및 참고 자료'에서 찾을 수 있습니다. 하지만 우리가 참고할 가장 좋은 '원천'은 우리를 위해 감실 안에 몸소 현존하시는 예수 그리스도입니다. 여러분 앞에 현존하시는 그분 앞에 현존하면서 그분과 함께 보내는 시간과 같은 가치를 지닌 것은 아무것도 없을 것입니다.
   교황 성 요한 바오로 2세는 마지막으로 발표한 두 개의 문헌에서 성체성사에 대한 흠숭을 명확하게 요청하면서 성체성사의 경배가 미사에만 한정되어서는 안 된다고 반복해서 강조했습니다.

미사 밖에서 이루어지는 성체 공경은 교회 생활에 더할 나위 없이 소중합니다. … 목자들은 성체 조배와 특히 성체 현시, 그리고 성찬의 빵과 포도주의 형상으로 계시는 그리스도께 대한 흠숭 기도를… 장려하여야 할 책임이 있습니다.

모든 신심 가운데, 성체 안에 계시는 예수님을 공경하는 것은 성사에 이은 가장 뛰어난 신심이며, 하느님께서 가장 좋아하시고, 우리에게 가장 도움을 주는 신심입니다.

「교회는 성체성사로 산다」, 25항

성체 안에 현존하시는 예수님 앞에 무릎을 꿇는 시간을 가집시다. 감실 안에 계신 예수님의 현존은 자석의 양극과 같이 더 많은 영혼들을 끌어당겨야 합니다. 이들은 그분께 매료되어 그분의 목소리를 듣고 이른바 그분의 심장 박동을 느끼려고 끈기 있게 기다릴 준비를 한 사람들입니다.

「주님 저희와 함께 머무소서」, 18항

성녀 파우스티나와 다른 많은 성인들의 모범을 따라 우리는 성체성사에 대해 배워야 할 뿐 아니라, 성체성사 안에 현존하시는 주님과 인격적 관계를 맺고 그 관계를 발전시켜 나가야 합니다.

나는 한가한 때면 언제나 하느님 발치에서 시간을 보낸다. 그분은 나의 주인이시다. 나는 그분께 모든 것을 여쭙는다. 나는 그분께 모든 것을 이야기한다. 이로써 나는 힘과 빛을 얻는다. 이로써 나는 모든 것을 배운다. 이로써 나는 내 이웃을 향해 어떻게 행동해야 할지 깨닫는다. … 나는 예수 그리스도와 함께 감실 안에 머문다.

「일기」, 704

출처 및 참고 자료

1 Msgr. Wiliam McGrath, "The Lady of the Rosary", *A Woman Clothed with the Sun* (Garden City, NY: Doubleday, 1961), p.180.

2 교황 요한 바오로 2세의 교서, 「주님 저희와 함께 머무소서」, 18항.

3 Joseph Cardinal Ratzinger(Pope Benedict XVI), *God is Near US* (San Francisco: Ignatius Press), pp.69-70. 라칭거 추기경(교황 베테딕토 16세)은 '9세기까지 신자들이 서 있는 상태에서 한 손으로 성체를 받았음'을 지적하지만, 그렇다고 이런 방식으로 성체를 영해야 한다는 것은 아니라고 설명합니다. 그것은 교회가 늘 '성장하고, 성숙하며, 더욱 깊이 신비를 이해하고 있기' 때문입니다.

그러므로 9세기에 처음 도입된, 무릎을 꿇은 상태에서 혀로 성체를 받는 새로운 방식 또한 '공경을 표현하는 방법으로서 매우 올바르고 타당합니다.' 그러나 '교회가 그 이전 900년 동안 성체성사를 합당하지 않은 방식으로 거행해 왔을 리는 없습니다.'(p.70)

교회가 인정한 예식들도 교회가 계속 성숙함에 따라 얼마든지 변할 수 있습니다. 늘 그대로 남아 있어야 하는 것은 실제 현존에 대한 공경과 그 공경을 표현하는 다양한 방식에 대한 관용입니다. '성체성사와 관련한 논쟁이 발생해서… 한 무리가 다른 무리에 맞서게 되면 교회의 중심이 되는 신비를 무색하게 만들 위험이 있으니 말입니다.'(p.57)

초대 교회의 교부들이 가르친 성체 공경의 한 예로서 라칭거 추기경은 4세기 예루살렘의 치릴로 성인의 영성체 방법에 관한 교리 교육을 택하여 설명합니다. '신자들은 두 손으로 옥좌를 만드는데, 오른손 위에 왼손을 두어서 왕을 위한 옥좌를 만드는 동시에 십자가 형태를 만들어야 합니다. 너무도 곱고 너무도 심오한 이 상징적 행동이야말로 그분에 관한 것입니다. 사람의 두 손이 십자가를 형성하고, 이 십자가는 옥좌가 되어 왕께서 그 위에 앉습니다. 그러므로 펼쳐서 내민 손은 한 사람이 자신을 주님께 내어드리는 방식의 표징이 될 수 있습니다. 그분을 향해 두 손을 펼쳐 보이면 그 두 손은 이 세상에서 그분 현존의 도구가 되고 그분 자비의 옥좌가 됩니다.'(p.70)

4 Joseph Cardinal Ratzinger(Pope Benedict XVI), *God is Near US*, p.71. 교황 베네딕토 16세는 계속해서 성체를 받아 모시는 외적 형식 혹은 의례에 관하여 논쟁을 벌이기보다는 오직 '자기 자신을 우리의 두 손에

놓아 주시는 하느님의 신비 앞에서 가져야 할 마음속 공경과 내적 순종'에 유익한 논의에 신경을 써야 한다고 촉구합니다.

교황 베네딕토 16세는 우리에게 '우리의 손만이 아니라 혀와 마음도 순결하지 않다는 사실과 손보다 혀로 죄를 짓는 경우가 더 많다는 사실을 잊지 말아야 한다.'고 충고합니다. 그리고 다음과 같이 설명합니다. 영성체를 통해 우리에게 오심으로써 '하느님께서는 거대한 위험을 무릅쓰시고… 우리의 손과 혀만이 아니라 마음까지도 그분과 만나 닿을 수 있도록 허락하십니다. 우리는 주님께서 기꺼이 우리 안으로 들어오셔서 우리와 함께 우리 안에서 살고, 안에서부터 우리 삶의 중심이 되며 우리 삶을 변화시키는 동인(動人)이 되시려는 의지에서 이를 볼 수 있습니다.'(p.71)

5　교황 요한 바오로 2세의 '성체성사와 교회의 관계에 관한' 회칙, 「교회는 성체성사로 산다」, 18항.

6　M.V. Bernadot, O.P., *The Eucharist and the Trinity* (Wilmington, DE: Michael Glazier, 1977), p.21.

7　Joseph Cardinal Ratzinger(Pope Benedict XVI), *God is Near US*, p.8.

8　시에나의 성녀 가타리나, 다음에서 재인용: M.V. Bernadot, O.P., *The Eucharist and the Trinity* (Wilmington, DE: Michael Glazier, 1977), p.26.

9　Alberto D'Apolito, *Padre Pio of Pietrelcina, Memories, Experiences*, 다음에서 재인용: Joan Carter McHugh, *My Daily Eucharist* (Lake

Forest, IL: Witness), May 28.

10 St. Therese of Lisieux, *The Story of a Soul* (New York: Doubleday, 1989), p.52.

11 로마 6,10; 히브 7,27; 9,12; 요한 13,1; 17,1 참조.

12 Scott Hahn, *The Lamb's Supper: The Mass as Heaven on Earth* (New York: Doubleday, 1999), pp.5, 128.

13 Scott Hahn, *The Lamb's Supper: The Mass as Heaven on Earth* (New York: Doubleday, 1999), p.125.

14 Pope John Paul II, *Gift and Mystery* (New York: Doubleday, 1996), pp.77-78.

교황 요한 바오로 2세는 한국 방문 당시(1989년 10월 7일) 강론에서 이렇게 설명한 바 있다. "우리는 성체성사의 현존에서 사제직이라는 최고의 선물을 제대로 올바르게 이해하고 인식하게 됩니다. 사제직과 성체성사, 이 둘은 서로 분리될 수 없으니 말입니다."

15 교황 요한 바오로 2세의 서한 「주님의 만찬」(1980), 2항.

16 교황 요한 바오로 2세의 서한 「주님의 만찬」, 12항.

17 교황 요한 바오로 2세의 서한 「주님의 만찬」, 12항.

18 교황 요한 바오로 2세의 서한 「주님의 만찬」, 12항.

19 Pope John Paul II, *Gift and Mystery* (New York: Doubleday, 1996), p.72.

20 Pope John Paul II, *Gift and Mystery*, pp.72-73.

21 교황 요한 바오로 2세의 서한 「주님의 만찬」, 8항.

22 Pope John Paul II, *Gift and Mystery*, p.73.

23 St. Maximilian Kolbe, SK III, 1145, p.326, cited by Jerzy Domanski, OFM Cov., *For the Life of the World*, translated by Peter D. Fehlner, FI (Libertyville, IL:Academy of the Immaculate, 1993), p.127.

24 교황 레오 13세의 회칙 「Mirae Caritatis」(놀라운 사랑). 다음에서 재인용: 교황 바오로 6세의 회칙 「신앙의 신비」, 15항.

25 Fr. Frederick Faber, *The Blessed Sacrament* (Rockford, IL: Tan Books, 1978), p.128.

26 Fr. Frederick Faber, *The Blessed Sacrament*, p.128.
여기서 말하는 기적들의 다양한 유형들에 관하여 더 자세하고 전문적인 논의를 보고 싶다면 57쪽에서 73쪽의 내용을 참고하라. 페이버 신부는 기적들을 열두 개로 구분하는데, '둘은 빵과 포도주의 실체에 관한 기적이고, 둘은 축성된 빵과 포도주의 형상에 관한 기적이며, 여섯은 우리 주님의 몸과 그에 병존하는 것들에 관한 기적, 나머지 둘은 미사에서 축성하는 자에 관한 기적'이다(p.59).

27 성 토마스 아퀴나스, 『신학대전』 3부, 73문, 3c항.

28 교황 바오로 6세의 회칙 「신앙의 신비」(1965)

29 교황 요한 바오로 2세의 성목요일 기도, 1982, 1항.

30 Mother Teresa, *A Life for God: The Mother Teresa Reader*,

compiled by LaVonne Neff (Ann Arbor, MI: Servant Publications, 1995), p.180.

31 Joseph Cardinal Ratzinger (Pope Benedict XVI), *God is Near Us* (San Francisco: Igntatius Press, 203), p.81.

32 St. Cyril of Jerusalem, cited by Father M.V.Bernadot, O.P. *The Eucharist and the Trinity*, p.17.

33 St. Francis of Assisi, "Letter to a General Chapter", in Regis J. Armstrong, OFM Cap., *St. Francis of Assis: Writings for a Gospel Life* (New York: Crossroad Publishing, 1994), pp.218–219

34 St. Mary Magdalene di Pazzi, cited by Fr. Stefano M. Manelli, FI, *Jesus Our Eucharistic Love* (New Bedford, MA: Franciscan Friars of the Immaculate, 1996), p. 37.

35 St. Teresa of Jesus, cited by Fr. Stefano M. Manelli, FI, *Jesus Our Eucharistic Love*, p.37.

36 St. Louis de Monfort, cited by Fr. Stefano M. Manelli, FI, *Jesus Our Eucharistic Love*, p.37.

37 St. Padre Puo, Letter to Padre Agostino, April 18, 1912, as cited by Fr. Benedict J. Groeschel, CFR, *Praying in the Presence of Our Lord* (Huntington, Indiana: Our Sunday Visitor, 1999), p.35.

38 St. Anthony Mary Claret, cited by Fr. Stefano M. Manelli, FI,

Jesus Our Eucharistic Love, p.33

39 성 토마스 아퀴나스의 요한 복음 6장 57절 주해. 다음에서 재인용:

Chiara Lubich, *The Eucharist* (New York: New City Press, 1977), p.73.

40 성 토마스 아퀴나스의 요한 복음 6장 57절 주해. 다음에서 재인용:

Chiara Lubich, *The Eucharist*, p.73.

41 성 토마스 아퀴나스, 『신학대전』, 3부, 79문, 6항, 해답:1.

42 성 토마스 아퀴나스, 『신학대전』, 3부, 79문, 7항, 해답:2.

43 성 토마스 아퀴나스, 『신학대전』, 3부, 79문, 2항, 해답:2.

44 St. John Chrysostom, *Homily in Isaiam*, 6,3: PG 56, 139.

45 성 토마스 아퀴나스, 『신학대전』, 3부, 80문, 5항, 해답:2.

46 성 아우구스티노, "Ps. XCVIII. 5". 다음에서 재인용: 성 토마스 아퀴나스, 『신학대전』, 3부, 80문, 6항, 해답:2.

47 성 아우구스티노, 『Sermon suppos.』(설교집) LXXXIV. PL 39, 1908.

48 성 토마스 아퀴나스, 『신학대전』, 3부, 80문, 11항, 해답.

49 「교회법전」 917조 및 교황청 교회법 해석 평의회의 해석(1984년 7월 11일) 에서는 영성체는 하루에 두 번만 할 수 있다고 명시하고 있다.

50 성 토마스 아퀴나스, 『신학대전』, 3부, 80문, 1항, 해답.

51 성 토마스 아퀴나스, 『신학대전』, 3부, 80문, 1항, 해답.

52 성 토마스 아퀴나스, 『신학대전』, 3부, 80문, 1항, 해답. 그리고 79문, 1항, 해답:1.

53 Fr. Stefano M. Manelli, FI, *Jesus Our Eucharistic Love*, p.52.

54 St. Maximilian Kolbe, SK III, 987 I, p.720, cited by Jerzy Domanski, OFM Conv., *For the Life of the World*, p.120.

55 St. Maximilian Kolbe, SK III, 968 I, p.647, cited by Jerzy Domanski, OFM Conv., *For the Life of the World*, p.120.

56 성 토마스 아퀴나스, 『신학대전』, 3부, 80문, 2항, 해답.

57 성 토마스 아퀴나스, 『신학대전』, 3부, 80문, 1항, 해답:3.

58 성 토마스 아퀴나스, 『신학대전』, 3부, 79문, 1항, 해답:1

59 St. Catherine of Siena, cited by Fr. Stefano M. Manelli, FI, *Jesus Our Eucharistic Love*, p.51-52.

60 St. Padre Pio, cited by Fr. Stefano M. Manelli, FI, *Jesus Our Eucharistic Love*, p.51-52

61 St. Alphonsus Liguori, *The Holy Eucharist* (Brooklyn, NY: Redemptorist Fathers, 1934), p.124.

62 Sacred Congregation of Indulgences, *Rescript of November 24, 1922*.

63 『로마 미사 경본』, '영성체 예식', 132

64 St. Therese, *The Story of a Soul* (New York: Doubleday, 1957), p.136.

65 Msgr. William McGrath, "The Lady of the Rosary", *A Woman Clothed with the Sun*, p.179.

66 St. Leonard of Port Maurice cited by Fr. Stefano M. Manelli, FI, *Jesus Our Eucharistic Love*, p.53.

67 St. John Vianney, "On Frequent Communion", *Catechetical Instructions*, as cited by Fr. Wilfred Hurley, *Catholic Devotional Life* (St. Paul Editions, 1965).